明日をつくる地域金融

イノベーションを支えるエコシステム

内田 聡 著

昭和堂

理恵へ

まえがき

ＡＩ、ＩｏＴ、シェアリングエコノミー、フィンテックなどの略語やカタカナ用語がいたるところで飛び交い、人口減少、経済格差、地方創生という言葉を目にしない日はない。いったい何が起きているのか。個々の現象を追いかけるだけでは十分な理解は得られない。底流にある社会の変革を捉えることが必要だ。

産業構造は、第二次産業を中心とした「工業化社会」から、第三次産業を中心とした「ポスト工業化社会（脱工業化社会）」に移行した。このなかで今、２つの大きな変化が起きている。①グローバリゼーションが浸透し、ヒト・モノ・カネの移動が国境を越えて、経済活動が活発になり富が蓄積される反面、容認しがたい経済格差が生じている。同時に、②人々の価値観の変化やＩＴの進歩によって、協働・協創が広がる「エコシステム」化が進行している。エコシステムについては、次頁に述べる。

本書は、こうした社会の変革について、地域社会に与える影響を取り上げる。すなわち、①の問題を念頭に置きながら、②の動きを捉え、創造的な地域社会を目指すために、金融は何ができるのか、金融はどう変わらねばならないのかを考察する。地方創生や地域金融の活動は、エコシステム化と、今なお温存される工業化社会の仕組みとのずれを認識し、新しい地域社会の構築という文脈に沿っておこなう必要がある。変革期には機能論的な視点が欠かせない。

社会の変革はすでに始まっているし、気づいていなくても、われわれはその渦中にある。目の前の取り組みや実務的な観点はもちろん大切だが、それらの考察は多くある他の書物に譲り、本書ではわが国における地域金融の航海図を提示する。読者が、地域社会がどこに向かおうとしているのかを理解し、日々の取り組みに、どのような意味をもたせ、いかに進めていくのかを考えるヒントを示していきたい。

早速だが、本書ではエコシステムを大切なキーワードとしてあげたい（第1章参照）。エコシステム（ecosystem）は本来、自然界の生態系を指す語だが、比ゆ的に社会現象にも用いられている。本書では、人々の価値観の変化やＩＴの進歩によって、多種多様な人間が、既存の国家、地域社会や組織を越え、オフライン（対面）・オンラインを通じて、協働・協創できるようになってきた状態を示している。乗用車の相乗り（モノ）や民泊（スペース）などのシェアリングエコノミー、金融（finance）と技術（technology）が融合するフィンテック（ＦｉｎＴｅｃｈ）は、エコシステム化における顕著な事象である。また、自動運転は地域社会を支え、こうした動きを促進する。一方で、エコシステム化は、地域社会に常にプラスに働くとは限らない。地方では人口の転出、とりわけ若年層の転出が深刻な問題になっているが、この原因は既存の社会の仕組みとエコシステム化とのずれに求められる。エコシステムでは、かつて物理的空間に収まっていた、価値観の共有や行動の範囲は格段に広がり多様化し、さまざまな可能性が拡大していく。人口転出の対策として、いまだに企業誘致を推し進めれば何とかなると考えている人もいる。しかし、主に転出しているのは若年層とくに女性であり、この層に届かない対策は局所的には意味があっても、地域全体としては沈んでいきかねない。誰もが自由に行動できる時代に、既存の仕組みや価値観のなかに無理やり押しとどめようとしても機能しない。

そんな理念・理想めいたことをいって、何の役に立つのかと思うかもしれない。しかしながら、同じ取り組みをするのでも、社会の変革を理解しておこなうのと、そうでないのでは、取り組み方に違いが生まれる。先に向けた見取り図やアイデアが出てくることだろう。大局的な視野を持ちながら、「他人事」ではなく「自分事」として取り組むことが大切だ。こうした市民レベルでの活動の積み重ねが本当の意味での地方創生である。

そんな悠長な時間はないと思うかもしれない。しかし、現在は過去の集積であり、未来は現在の集積である。本書では小学校5・6年生を対象に、地元の経営者などが、ボランティアで未来の起業家育成を地道におこなっている事例を取り上げている（149頁参照）。

アメリカに目を向けると、そのポスト工業化は、D・ベルの『脱工業社会の到来』が、1973年に出版され話題になったように、わが国より一足先に始まった。ポスト工業化社会には二面性があることは先にふれたが、アメリカではグローバリゼーションの負の側面が大きくなって、トランプ大統領を生み出した。とはいうものの、アメリカの向かうべき方向は、保護主義や孤立主義ではなく、経済格差を是正する大胆な措置を取りながら、エコシステム化を活用して、創造的な地域社会を作り出すところにある。

本書で扱う金融は社会の枠組みの一部だから、社会のあり方に規定され、その変化の影響を受ける。まずは社会の変革をグローカルに読み解くことから始めよう。さらなる考察にあたっては、アメリカのウォールストリートとメインストリートという社会構造、そのもとにある金融の仕組みと行動を参考にしながら進めていく。人の活動を起点とした組織形態であり、エコシステムに比較的親和性のあるメインストリートの金融機関も、フィンテックの進展に対応を迫られている。これらを踏まえて、わが国地域金融に何が求められているのかを明らかにする。本書を読み終わった後に、読者それぞれが、地域の疲弊を転換させる地域金融の姿を、おぼろげながらにも考える気持ちになっていただければ幸いである。

明日をつくる地域金融

イノベーションを支えるエコシステム

目次

第1章　地域社会はエコシステム化する

第2章　フィンテックは金融分野のエコシステム化だ

第3部　地域の疲弊を転換させる地域金融を目指して——日々の取り組みに息吹を吹き込む　137

事例

コラム

序章

社会の変革をグローカルに読み解く

トランプ大統領、就任へ。
アメリカは何を見過ごしていたのか。アメリカで起きている経済格差や社会の分断は、わが国とは無縁か(写真提供：Wikimedia Commons)。

序章のキーワード

ポスト(脱)工業化社会

産業構造の中心が、第二次産業の工業化社会から、情報・知識・サービスなどを扱う第三次産業のポスト工業化社会へ移行し、グローバリゼーションやエコシステム化が進展している。

経済格差

手放しのグローバリゼーションは、富を蓄積する一方で、国家間や個人間の貧富の差を拡大した。そして経済格差の拡大は国家や地域社会の分断をもたらす。

ベーシックインカム(最低所得保障)

政府が国民全員に無条件で、生活に最低限必要な現金を支給する政策。賛否両論あるが、経済格差が拡大し、ＡＩやロボットによる仕事の代替など、あながち絵空事ではないかもしれない。

エコシステム(分散自律型システム)

人々の価値観の変化やＩＴの進歩によって、多種多様な人間が、既存の国家、地域社会や組織を越え、オフライン(対面)・オンラインを通じて、協働・協創できる世界が広がる。エコシステムは「生態系」とされることが多いが、本書では意訳して「分散自律型システム」としている。

イノベーション(革新)

既存の枠組みを改革し社会的に意義のある新たな価値を創造すること。グローズドな仕組みで実現した効率性や安全性を、オープンな環境で実現しながら、協働・協創の世界が進展している。

1 グローバリゼーションは日米に何をもたらしたか

2017年1月20日、トランプ・アメリカ大統領が誕生した。同時に、大統領就任に抗議する、100万人規模のウィメンズ・マーチ（女性大行進）がおこなわれた。これは、女性蔑視や移民差別と受け取れる発言を繰り返すトランプ大統領に抗議するもので、女性を中心に、全米から世界に広がった。

さかのぼること約10年前（2008年）、リーマンショックが起き、過度に金融に依存した社会の限界が明らかになった。危機の元凶とみなされた金融機関への公的資金の注入は、富裕層への富の過度な集中と経済格差が進行するなかで、「99％」の一般市民の感情を逆なでした。2011年9月に、経済界や政界に対する抗議運動である「オキュパイ・ウォールストリート（ウォールストリートを占拠せよ）」が起き、アメリカのみならず世界中に衝撃を与えた。

長い間、経済格差の底流には人種差別があったが、グローバリゼーションをともなうポスト工業化社会に至り、白人中間層は没落し、富裕層対一般市民という構図へと変容した。たとえば経済学者のR・B・ライシュは以下のように述べている。

「今後の米国における最大の政治的分断は、共和党と民主党の間では起こらないだろう。起こるとしたら、大企業やウォール街の銀行や、政治や経済の仕組みを自分を利するように変えてきた超富裕層と、その結果、自らが苦境に立たされていることに気づいた大多数の人々の間においてであろう」（『最後の資本主義』雨宮寛・今井章子訳、東洋経済新報社、２０１６年）。

トランプ大統領は、大統領選ではウォールストリートから巨額の資金を得ていたヒラリー・クリントン氏を批判したが、多くのウォールストリート出身者を閣僚に指名した。富裕層対一般市民という構図の解消に向かうどころか、白人中間層対移民という対立をもち出し、地域社会を分断している。白人中間層の没落の原因は、ポスト工業化社会が新自由主義に偏ったまま進行したことに求められる。その偏重は是正すべきとしても、今後のＡＩ（人工知能）のさまざまな産業への活用などを考えた場合、工業化社会へ無理やり回帰すれば解決できるものではない。日本経済新聞とフィナンシャル・タイムズ（ＦＴ・イギリス）の共同調査研究（２０１７年）では、人が携わる約2千種類の仕事、業務のうち3割はロボットへの置き換えが可能であるという。

トランプ大統領の言動ばかりに目を奪われると、アメリカの地域社会で起きていることは、わが国とは無縁と感じられるかもしれない。しかし、ポスト工業化社会に着目すれば、わが国の地域社会にさまざまな変化が起きていることに気づく。たとえば、経済格差は、世代間、都市と地方、都市間、地方間で、既得権・非既得権という構図で静かに確実に進行している。同時に、ポスト工業化社会自体は、人々の価値観の変化やＩＴの進歩によって、多種多様な人間が、既存の国家、地域社会や組織を越え、オフライン（対面）・オンラインを通じて、協働・協創する「エコシステム」へと進化している。かつて物理的空間に収まっていた、価値観の共有や行動の範囲は格段に広がり多様化し、さまざまな可能性が拡大している。本章2節の金融立国と3節のイノベーションの議論とかかわることだが、エコシステムでは、特定の産業を育成するというよりは、ＡＩ、ＩｏＴ（モノのインターネット）や、ブロックチェーン（第1部のキーワード参照）などの整備を進め、あらゆる産業におけるイノベーションを後押ししていくことが重要あるいは可能になる。

本書は、このような変革のなかで、創造的な地域社会を目指すために、地域の中心に位置する金融は何ができるのかを考えてみたい。その際にアメリカの地域金融であるメインストリートを分析しながら、わが国について考察していく。

2　金融のための金融は必要ない

産業構造は、第二次産業を中心とした工業化社会から、情報・知識・サービスなどを扱う第三次産業を中心としたポスト工業化社会に移行した。１９６０年代末から１９７０年代におけるドルショック（ドルと金の交換停止など）、オイルショック、スタグフレーション（経済の停

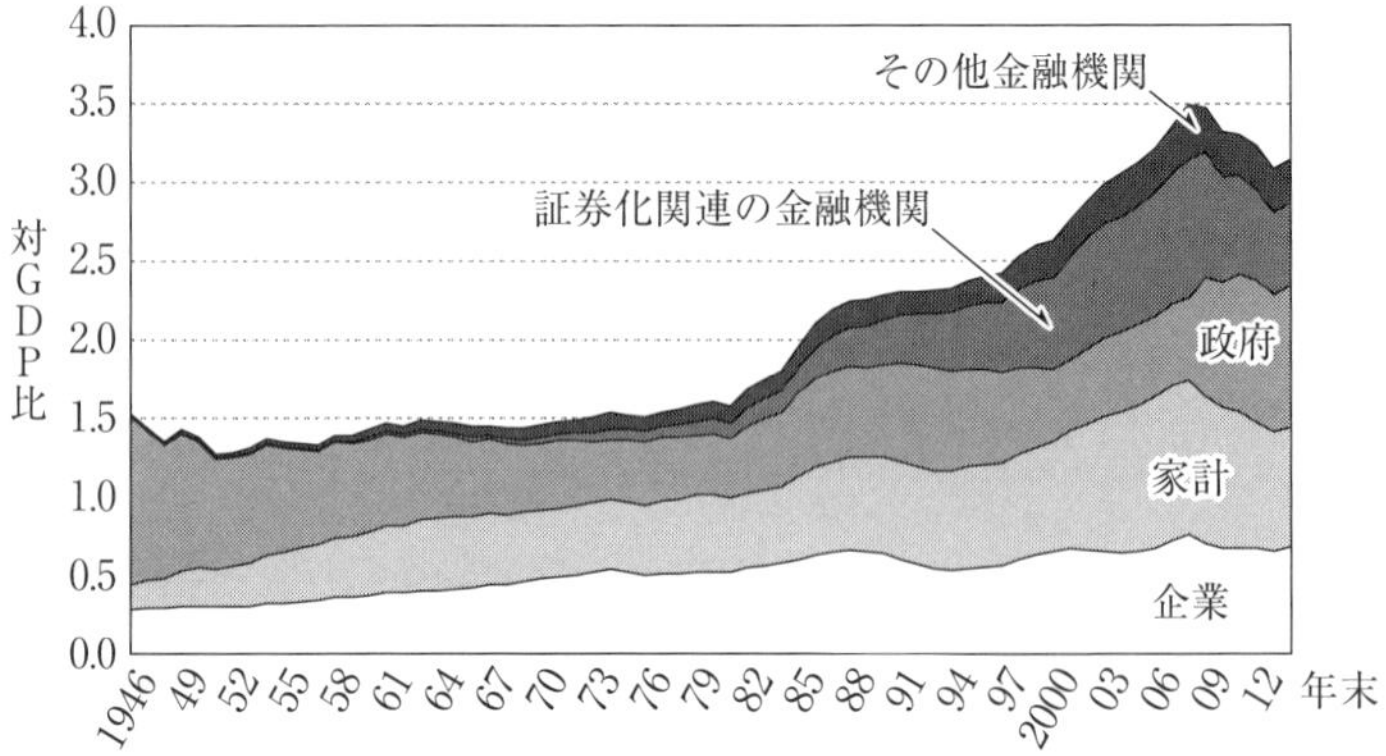

図表序－1　全部門（非金融＋金融）の金融負債残高の対GDP比

出所：FRB, Flow of Funds Accounts 各号から筆者作成。

滞とインフレーションの同時進行）などを経て、ポスト工業化社会の模索が始まり、新自由主義と結びつく形で進んでいった。アメリカでは、財務省・国際通貨基金（IMF）・世界銀行などによって、小さな政府・規制緩和・市場原理・自由貿易からなる「ワシントン・コンセンサス」として推し進められた。

この重要な一翼を担う産業が金融であった。詳細は第3章に譲るが、図表序－1をみてみよう。これは全部門（金融＋非金融）の金融負債残高を国内総生産（GDP）比で示したものである。この値が高くなると、金融が高度化する一方で、実体経済から乖離していく。対GDP比は長い間1・5で推移してきたが、1980年代には金融自由化と歴史的高金利期の終焉を背景に急速な伸びをみせた。その後安定した時期を迎えたものの、2000年代には金融技術のさらなる活用と歴史的低金利を背景に再び急

図表序－２　経済格差

	人口の上位10％の富裕層の平均所得の、下位10％の貧困層の平均所得の倍率			人口の上位10％の富裕層が保有している純資産の割合	相対的貧困率
	1980年中盤	1990年中盤	2013年	2013年	2013年
アメリカ	11倍	12.5倍	19倍	76％	18％
日本	7倍	8倍	10.7倍[1)]	49％[2)]	16％
OECD	7倍	9倍	9.6倍	50％	11％

注1：2009年。
注2：2009年。四方理人（2011）「日本の資産格差」慶應義塾大学パネルデータ設計・解析センター『教育・健康と貧困のダイナミズム』。
出所：OECD (2015) In it together: Why Less Inequality Benefits All などから作成。

速に伸びている。この後にリーマンショックが起きたのは周知のところである。新自由主義あるいはワシントン・コンセンサスの推進によって、経済格差は拡大し、リーマンショックで固定化された。わが国でも、程度の差こそあれ、正規雇用と非正規雇用の処遇の違いなどをともない、経済格差が大きな問題になっている。

経済協力開発機構（ＯＥＣＤ）の２０１５年の報告などによると、２０１３年に、アメリカの人口の上位10％の富裕層の平均所得は、下位10％の貧困層のそれの19倍であり、人口の上位10％の富裕層は純資産の76％を保有している（図表序－２）。先にふれたライシュは、アメリカについて、超富裕層だけが勝ち続け、富が一方的に超富裕層にもたらされる経済ルールが成立しており、所得再分配では不十分で、ベーシックインカム（最低所得保障）の導入など、ルール自体の変更が必要であると主張する。

本書は、経済格差・貧困問題、資源の再分配の対策などを直接には扱わないものの、こうした状況を認識しながら考察を進めていく。トランプ大統領は多くの混乱をもたらしているが、皮肉なことに、その登場によってアメリカの抱えている問題をどのように解決していくのかという、道筋が明確になってきたともいえる。それは、工業化社会への無理な回帰ではなく、エコシステムを活用し、創造的なメインストリートを目指すことである。

3 目指すは創造的な地域社会

経済学者の吉川洋は、人口減少が急速に進むわが国の現状とその悲観論に対し、経済成長の鍵を握るのはイノベーションであると説いている(『人口と日本経済』中公新書、2016年)。これには筆者も賛同する。イノベーションは技術革新とされることが多いが、本書では既存の枠組みを改革して社会的に意義のある新たな価値を創造し、社会を変革するという意味で用いる。

イノベーションの大切さの次に考えねばならないのは、イノベーションはどのように起こるのかである。シュンペーターをもち出すまでもなく、イノベーションはゼロから生み出されるのではなく、既存の知恵同士を新しく組み合わせることから起こる。

その次に考えねばならないのは、どういう地域社会でこうした結合が起こりやすいのかである。それは、日米を問わず、ポスト工業化社会に背を向ける地域社会ではなく、ポスト工業化社会がエコシステム化（人でいえばダイバーシティ化）していく動きを捉え、推進・活用していく地域社会である。第1章で述べるように、これまでクローズドな仕組みで実現した効率性や安全性を、オープンな環境で実現しながら、協働・協創の世界が広がろうとしている。たとえば、あらゆるものがインターネットにつながるＩｏＴの世界では、モノづくりは従来のＢ２Ｃ（企業と消費者の取引）から、顧客の情報をもとに製造するＣ２Ｂへ変化するだろう。また、ブロックチェーンは、こうした技術を低コストで利用できるようにする。求められているのは、これらを何に向かってどのように使うかである。わが国では、組織に適応する同質な人材を集める共同体型の企業が、欧米を模倣するキャッチアップ型の工業化社会で築かれ、ポスト工業化社会でも温存されているが、これらは転換を迫られることになる（太田肇『なぜ日本企業は勝てなくなったのか』新潮選書、２０１７年など参照）。

金融分野でもエコシステム化が進展し、フィンテックが広がっている。そのなかでもクラウドファンディングは、既存の金融機関の行動と地域社会の変化とのずれを補うように機能している。地域金融機関は、地域社会において、価値（観）を生み出す「主体」として今後も活動していくのか、それとも効率性や利便性を提供していく「手段（ツール）」として活動していくのだろうか。後者であればフィンテックやブロックチェーンを用いた仕組みで多くを代替できるだろう。前出の日本経済新聞とFT紙の調査では、金融機関の事務職では60ある業務のうちファイル作成など65％がロボットに置き換えられるという。そして、クラウドファンディングは価値を表現する機能も果たし始めている。地域金融機関は、エコシステム化を認識し、固定観念にとらわれず、自らの姿を見つめ直し未来を展望する必要がある。

4 本書の構成

次章から、地域社会がどのように変化し、創造的な地域社会を目指して、金融機関は何ができるのか、どう変わらねばならないのかを考える。その際に、人の活動を起点とした組織形態であり、エコシステムと比較的親和性が高いと考えられる、アメリカのメインストリートの金融を考察したうえで、わが国の地域金融について考えていく。

第1部は「これからの地域金融機関に求められるものは何か――協働・協創のエコシステムの世界で」である。エコシステムの進展について、価値観の変化、ソーシャルメディア、IoT、ブロックチェーンから明らかにし、次にフィンテックを金融分野のエコシステム化という視座から捉えて議論する。そのなかでも、クラウドファンディングは、「相対型《あいたい》直接金融」というべき、従来の枠組みを越えた金融である。資金にまつわるリスク・リターンを資金提供者が負う点では直接金融だが、取引がおこなわれる段階でお互いを認識し、あるいは共通の目的をもっている点では相対型の性格をもちあわせている。

第2部は「地元資本が支えるアメリカ経済――「メインストリート」金融の強みに学ぶ」である。アメリカの社会は、ウォールストリートとメインストリートという構図でしばしば捉えられる。こうした構図は、反独占・反中央集権、金融集中の排除という、アメリカの伝統的な考え方を反映したものであり、前者には金融経済、巨大資本、富裕層や支配層（エスタブリッシュメント）、後者には実体経済、地元資本、一般市民といった意味合いがある。両者のバランスのもとにアメリカの社会は成立してきた。しかしながら、経済格差などにみられるように、市場論理と非市場論理のバランスが崩れつつある。一方で、エコシステム化が進展し、クラウドファンディングなど、さまざまな可能性を秘めた新しい動きが普及し始めている。メインストリートの金融を取り巻く環境が大きく変化するなかで、仕組みを明らかにしながら、その行動を考察する。

第3部は「地域の疲弊を転換させる地域金融を目指して――日々の取り組みに息吹を吹き込む」である。AIやIoTが地域社会にも影響を与え始める一方で、地方では人口減少とりわけ若年層の女性の大幅な転出が生じている。これは地域の人口減少という側面で問題であるだけでなく、地域に一番不足している「人（＝アイデア＋行動力）」の喪失という面でも大きな問題である。金融庁・地域金融機関にとって、不良債権処理が中心課題であったバブル崩壊後から、顧客との「共通価値の創造」が目標となる変遷を踏まえたうえで、第３部ではさらに議論を一歩進めたい。地域金融機関が、創造的な地域社会に向け、これまで必ずしも正面から扱ってこなかった重要な諸課題に対し、何ができるのかを固定観念にとらわれず考える。金融から地域をみるのではなく、地域から金融をみることが求められている。

終章「日米が読み解くべきトランプ現象の先にあるもの」では、これまでの議論を踏まえて、ＡＩ時代の仕事も含め、ポスト工業化における地域社会と金融の行方について述べる。

コラムでは日米の金融にまつわる身近な話題を紹介していく。取り上げる内容は金融だが、日米での違いは、金融というよりは、社会のあり方の違いに根差していることも多く、そうした観点も含めた理解は有意義だろう。

また、豊富な事例を掲載した。生きた事例から学ぶことで、多くの示唆が得られるだろう。読者自身が事例をみつけ、その意味や勘所を考える参考にしてほしい。

Column

コラム　維持手数料がかかるアメリカの預金口座

最初は預金口座（口座維持手数料）を取り上げる。わが国では、多くの人が複数の銀行の預金（貯金）口座をもっている。銀行は貸出先はいくらでもあったバブル期までは、その原資である預金を集めることが大切であり、どのように利用されるかはさておいて、預金口座の獲得自体が目的化していた嫌いさえあった。キャラクター通帳の全盛期でもあった。1991年にバブルがはじけた後は、貸出先を開拓することが重要になり、預金獲得の優先順位は低下し、ともすると通帳を含めた預金口座はコストとみなされるようにもなった。

アメリカでは普通の人は一つの銀行にのみ預金口座をもっている。これにはマネーロンダリングなどのセキュリティ上の問題や、そもそも複数の口座をもつ必要性を感じないこともあるだろうが、口座維持手数料の存在が少なからず影響している。銀行や口座の種別によって異なるものの、口座の残高が一か月間に一定額（たとえば1500ドル以上）ないと毎月数ドル（たとえば8～9ドル）の手数料が徴収される。

2010年にドッド＝フランク・ウォールストリート改革および消費者保護法が成立したのち、大手銀行であるバンク・オブ・アメリカは、2011年9月29日に、当座・貯蓄預金の合

Column

計が2万ドル未満の顧客から、(預金口座にある金額内で支払いのできる)デビットカードの利用に月5ドルの手数料を徴収すると公表した。これは、収益強化の一環あるいは消費者保護対応にかかわるコストの回収を意図したものと考えられるが、顧客は強く反発し、バンク・トランスファー・デー運動では、フェイスブックページなどを通じて、預金口座を11月5日までに協同組織形態の金融機関であるクレジットユニオン(CU)に移そうと呼び掛けた。同年11月第1週までで、少なくとも65万人の顧客がCUに口座を移し、その額は約45億ドルにのぼった(全米クレジットユニオン協会による)。こうした動きを受けてバンク・オブ・アメリカは手数料導入を取りやめた。

アメリカでは27%を超える世帯が銀行サービスを受けられない、あるいは十分に受けられていない。銀行サービスの必要性を感じないので利用しない人もいるが、口座維持などの手数料が大きな原因の一つである。銀行は預金口座を開設している人からしか小切手を受け入れないので、口座のない人が現金を必要とする場合には、高い手数料を支払って専門業者で現金化しなければならない。ただし、最近はプリペイドカードの利用が増えている。

アメリカではわが国とは異なり預金通帳は一般的ではない。あったとしても、自分で書きこむタイプのものである。通帳の替わりに取引が記された明細が郵送されてくるが、これも最近

Column

は電子化される傾向にある（郵送を選ぶと0・5～1ドル程度の手数料がかかる）。わが国でもネット銀行では最初から通帳を発行しないところがあるし、都市銀行や地方銀行でも通帳を発行しないタイプの預金口座が存在している。この種の預金口座には、ATMやネットバンキングでの一定回数の振込手数料が無料になるなどのサービスがついている。わが国では口座維持手数料は取りにくいが、情報技術の進歩などもあり、サービスの付加という形で顧客の差別化が進んでいる。

第1部

これからの地域金融機関に求められるものは何か

協働・協創のエコシステムの世界で

自動運転車はその実用化に向けて着実に進展している。もしかすると、人が車を運転するのが禁じられる日も来るのかもしれない（写真提供：PIXTA）。

第1部のキーワード

ソーシャルメディア

いくつかの種類があるが、フェイスブックは人と人のつながり（コミュニケーション）を基本とした「社交的」ネットワークで、価値観の多彩な表現・共有を可能にする。

IoT(Internet of Things)

さまざまなモノがインターネットにつながり、ヒトとモノ、モノとモノにおける情報のやり取りが可能になり、ビジネスや生活のあり方を変え始めている。

ブロックチェーン

ネット上で複数の人が取引記録を共有して相互に取引を認証する技術。クローズドな組織で実施してきた仕組みを、オープンな環境にて低コストで実現し、仮想通貨などを生み出す。

フィンテック(FinTech)

finance と technology からなる造語で、世界的に普及したスマートフォンのインフラやＡＩなどの最新技術を駆使した金融サービス。金融業界の常識を覆している。

クラウドファンディング

個人や企業の資金調達者と不特定多数の個人の運用者を、運営会社がネット上でマッチングする。ニッチな領域でも、事業のストーリーや共感しだいで支援者は世界に広がる。

第1部第1章ではエコシステムから地域社会を論ずる。エコシステム化は、価値観の変化やITの進歩などを背景に進展している。ソーシャルメディアはこれまでにない方法で価値観を多彩に表現・共有する手段であり、IoTはモノにまでインターネットやソーシャルメディアの世界を広げるものである。さらに管理主体を持たないブロックチェーンは、エコシステムを分散「自律型」へと進化させるインフラとして機能する。

第2章では、これらを踏まえて、金融分野のエコシステム化であるフィンテックを取り上げる。とくに、既存の金融機関の行動と地域社会の変化とのずれを補うように生じている、クラウドファンディングに焦点を当てる。クラウドファンディングは、伝統的な相対型金融・市場型金融あるいは間接金融・直接金融の範疇では捉えられないため、「相対《あいたい》型直接金融」という新しい枠組みで捉え、従来型の金融機関との比較をおこなう。

議論を進めるうえで、こうした新しいシステムは一夜にして完成するのではなく、ルールや法律の整備も含め、試行錯誤を繰り返しながら形成されていく点にも注意が必要である。

なお、エコシステムは「生態系」と訳されることが多いが、本書では「分散自律型組織（DAO＝Decentralized Autonomous Organization）」を参考に、意訳して「分散自律型システム」とする。

第1章　地域社会はエコシステム化する

1　オープンな社会・組織・仕組みが動き出した

社会は、効率性を重んじる市場論理と、人間関係のなかで生じる伝統・文化・慣習などを重んじる非市場論理のバランスのうえに成り立っている。市場論理とりわけグローバリゼーションが拡大してくると、逆説的だが、社会全体のバランスを保つために、非市場論理や社会的利益などを重視する、いわゆるソーシャルな領域あるいは市民社会の重みが増し広がってくる。たとえば経済学者の岩井克人は、市民社会を、貨幣が支配する資本主義と法律が支配する国家の両者に還元できない、人間と人間の関係であり、両者を補完するシステムであると述べている（『資本主義から市民主義へ』新書館、2006年ほか）。

グローバリゼーションが企業を媒介にして拡大すればするほど、国家の役割は低下し、企業は拡大・拡散する。そのため、個人レベルではむしろ、国家と企業に限定されない、「立ち位置」と「拠《よ》り所（ネットワーク）」が重要になってくる。劇作家・評論家である山崎正和の表現を借りれば、人間関係のすべてが合理性と効率性へと収斂を強める、組織原理が優先する社会構造からの転換である（『社交する人間』中央公論新社、2003年）。もちろん、日米の社会や組織の違いによって、グローバリゼーションなどの影響の程度、表われ方や、対応はまったく同じではない。また、社会的なセーフティネットを持たないまま、グローバリゼーションに邁進すれば、反グローバリゼーションや保護主義を誘発することになる。

ソーシャルメディアとくにフェイスブックは、人と人のつながり（コミュニケーション）を基本としてつくられる「社交的」ネットワークであり、先にふれた社会の大きな変化に呼応して普及したものと考えられる。同時に、ソーシャルメディアは、多種多様な人間が、既存の国家、地域社会や組織を越え、オフライン（対面）・オンラインを通じて、協働・協創することを可能にした。こうしたあり方がエコシステムである。

こうしたなか、かつて物理的空間に収まっていた、価値観の共有や行動の範囲は格段に広がり多様化し、さまざまな可能性が拡大している。これまでわが国では、組織（企業）が人に適応するのではなく、人が組織に適応することが求められてきた（小野浩「日本の長時間労働を考える」『日本経済新聞（やさしい経済学）』２０１７年5月4日～16日）。そして生活や地域社会での活動は、かつては少なからず職場（企業）とのかかわりのなかで規定されていた。換言すれば、企業を通して地域社会の多くの現象を理解できたが、エコシステムでは異なる。企業を媒介とした垂直型のシステムから、水平型のシステムへの転換であり（図表１－１）、クローズドな社会・組織・仕組みで実現した効率性や安全性を、オープンな環境で実現しながら、協働・協創の世界が広がろうとしている。

エコシステム化はさまざまな領域で顕在化し多様な影響をもたらす。シェアリングエコノミーはエコシステムのわかりやすい現象である。わが国でも市場規模は2兆円ともいわれ、後述するライドシェアや、民泊のほか、自宅に眠る高級バッグの貸出など、誰でもサービスの担い手になれるようになってきた（『日本経済新聞』２０１7年3月25日）。２０１５年には一般社団法人シェアリングエコノミー協会が設立され、その理念は以下である（ウェブサイトから抜粋）。

1　すべての人がさまざまなカタチで経済行為に参加できる社会の実現

2　新しい経済行為を活性化させ、日本経済全体の発展に寄与すること

3　プラットフォーム事業者の健全なるビジネス環境と利用者保護体制の整備

乗用車の相乗りサービスのライドシェアは、一定条件を満たす個人が有償で利用者を同乗させて運ぶもので、配車アプリ世界最大手ウーバー・テクノロジーズ（アメリカ）の中核事業であり、各国に広がっている。文明評論家のJ・リフキンは、所有からアクセスへの転換について、「インターネット世代は、自由を否定的な意味合い――他者を排除する権利として

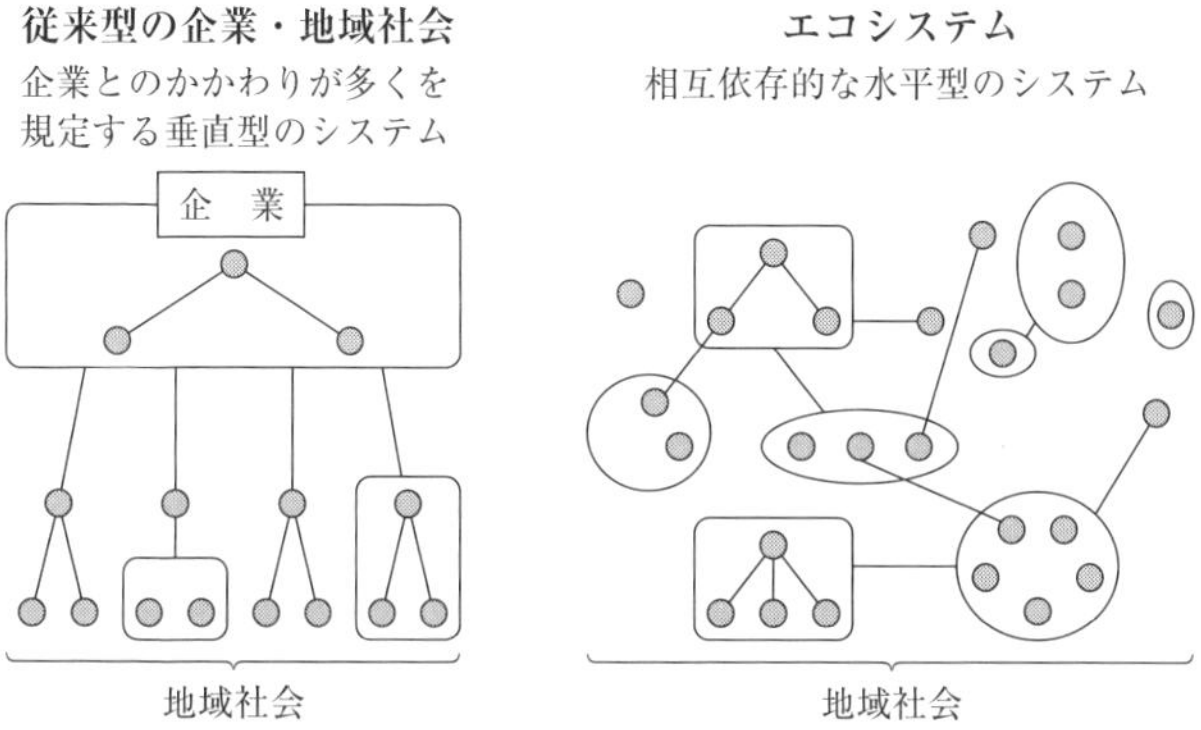

図表１－１　エコシステムのイメージ図

注：小さい丸は個人を、その丸を囲む枠はさまざまな組織を表す。
出所：株式会社エンパブリックの資料などを参考に作成。

——ではなく、むしろ肯定的な意味合いから、他者の仲間に入れてもらう権利と捉えるようになっている」と述べている（『限界費用ゼロ社会』柴田裕之訳、NHK出版、2015年）。自由を「獲得」と捉えるインターネット「前」の世代にとって、自動車の所有は自由の象徴であるのに対し、自由を「交流」と捉えるインターネット世代にとって、自動車は積極的に所有するものではなく、共有するものである。

また、自動運転の実現は自動車の公共交通化（シェアリングエコノミー）を後押しするのと同時に、シェアリング志向が自動運転を進展させる原動力ともなる。前述のウーバーは無人タクシーの実験も開始しているが、自動運転は、事故の低減、バス・トラックの運転手不足の解消、無人化による公共交通の拡充、地域内の移動自由度の確保をもたらすだろう（井上岳一『日本経済新聞（私見卓見）』２０１７年4月13日）。

一方で、昨今の共感とか価値観の共有を重んじる風潮に、ナイーブさを感じる向きもあるだろうし、そうした側面があることは否定できない。前述の山崎は「ソサエティ」は本来「社交」と「社会」の両方を意味するものであり、個人が組織原理から解き放たれる現代社会において社交の重要性を述べている。本当の意味での共感は他者との違いを認めるところから始まるものだと考えられるが、たとえばソーシャルメディアの社交的な側面が忘れ去られ、居心地のいい仲間との現実逃避に陥るツールとして利用される懸念は常にある。科学技術人類学者の木村忠正が指摘するように、わが国ではフェイスブックよりもツイッターの利用者数が多いという数少ない国であり、ソサエティ（社交）よりもコネクション（仲間内での交流）をより好む傾向にある（『デジタルネイティブの時代』平凡社、２０１２年）。そうした状況を本書で詳しく論じることはしないが、わが国における社会的信頼の低下や社交への苦手意識を反映していると考えられるだろう。

こうした懸念や心配はあるものの、エコシステム化は確実に進んでいる。序章でイノベーションについてふれたように、エコシステムでは多種多様なコラボレーションが起こりうる。第2節ではコラボレーションの仕組みを考察していく。

2　さまざまなコラボレーションが生まれる

(1) マーケティング3・0

フェイスブックは、個人間での交流はもちろん、特定の目的のためにつくられたグループでも交流や共同作業に用いられている。一般事業会社での利用も盛んであり、社内における情報共有やコミュニケーション手段としてはもちろんのこと、顧客とのコミュニケーションツールとしても用いられている。企業がフェイスブックページで商品を紹介し、ある人が関心を示すと、その情報が友達に伝わるだけでなく、ユーザーによる商品へのコメントが、当初想定していなかった商品の使い方を生み出すことさえある。経営学者のP・コトラーほかが提唱した「マーケティング3・0」の世界であり、企業と顧客が協働して価値を生み出していく（『コトラーのマーケティング3・0』恩藏直人・藤井清美訳、朝日新聞出版社、2010年）。

事例

顧客に愛される「ハム係長」――伊藤ハム株式会社

伊藤ハム株式会社（兵庫県西宮市）のフェイスブックページには「ハム係長」というキャラクターがある。「当社からご紹介するウインナーの飾り切りやオリジナルレシピ等を通して、皆様がコミュニケーションを楽しんでいただける場として運営しています。」

2017年4月時点で約17万6千人が「いいね!」をしている。係長が投稿すると、投稿に対して数百の「いいね!(反応)」や数十のコメントが寄せられる。コメント内容は係長の投稿内容にもよるが、雑談めいたものから商品の調理アイデアまである。伊藤ハムがこれらから商品のヒントを得ることもあるだろうし、顧客同士がアイデアを共有しながら、愛着を深めていくことにもなる。

事例 土曜日は中小商店でお買いもの——カード会社による応援

「マーケティング3・0」とは必ずしも同じではないが、カード会社が加盟店の支援をおこなうページなどもある。

アメリカン・エキスプレスには、プロモーションを目的としたフェイスブックページのほかに、中小商店での買い物を呼びかけるSmall Business Saturdayというフェイスブックページがある。2017年4月時点で約34万9千人の「いいね!」がある。管理人が金曜日に「なぜ中小商店での買い物が好きですか」などと投稿すると、多くのコメントが寄せられ、情報交換がおこなわれる。先の質問には1200件近いコメントが寄せられ、２６０人がこの投稿を自分のフェイスブックにシェア（転載）した。アメリカン・エキスプレス以外にも、メインストリートの商店・企業を支援しようとする、「キャッシュモブ」という行動がある。これは主催者がソーシャルメディアなどで呼びかけ、特定の商店等に、特定の日時に集まり、各自20ドル前後の買い物をするイベントであり興味深い。

（２）クラウドソーシング

後述するように、クラウドファンディングでは、アイデア面については、一通り完成した商品に資金提供者がハンズオン（支援や関与）をおこなう仕組みである。さらに最近では、顧客も含めた多くの人々が、インターネット上で、商品・サービスの企画段階からアイデアを持ち寄り、開発・販売まで携わるクラウドソーシング型の仕組みもできている。このように、ウェブサイトで不特定多数の人々が水平的なネットワークを通してコラボレーションをすることで、画期的なビジネスモデルを構築することを、コンサルタントのD・タプスコットと研究者のA・D・ウィリアムズは「ウィキノミクス」と呼んでいる。その対象はものづくりばかりでなく、金融、環境、科学、音楽、医療、教育などに及んでいるという。こうした広がりは「マクロウィキノミクス」と呼ばれる（『マクロウィキノミクス』夏目大訳、ディスカヴァー・トゥエンティワン、２０１３年）。

ものづくりについてみていくと、クラウドソーシングの活用を大きく以下の二通りに分けられるだろう。①製造業などの特定の企業が自社製品について用いるもの、および②プラットフォーム型で、何もない段階からアイデアを募り、コラボレーションのサポートをするものである。

①のタイプとしては、アメリカのローカル・モーターズなどが有名であり（前述のタプスコットとウィリアムズの著書を参照）、ゼネラル・エレクトリックは、②のタイプでアイデアのクラウドソーシングサービスの、クワーキー（Quirky）と連携して商品を開発している（『日本経済新聞』２０１３年4月30日）。

わが国では、①と②の中間型として、２０１１年設立の株式会社 Blabo（東京都品川区）の運営する Blabo! があり、企業などの本当の「企画会議（に提示された企画）」に一般人も参加してアイデアを出す仕組みを提供している。

事例

ものづくりリソースの流動化と最適化——株式会社A

①のタイプとしては2012年設立のWEMAKE（ウィーメイク）などを運営する株式会社A（エイス）（東京都港区）がある。同社のミッションは以下である。

「世の中には切実なニーズに直面しながらそれを独力で解決することが難しい人、素晴らしい技術や知識を持っていても活用できていない人、また優れた人材・技術・設備・販路を活かしきれていない企業が多数あります。……（中略）……私たちは、既存のものづくりをシステムから見直し、点在しているものづくり資源を、組織・国籍・個人・企業・職種などの壁を越えてコラボレーションできるようにすることで、新たな価値創造ができるものづくりの場所を目指しています（ウェブサイトから抜粋）」。

価値観の共有やプロセスに参加する喜びが大切にされている。というよりも、価値観の共有やコラボレーションの表現方法として、ものづくりクラウドソーシングが存在しているという方が適切だろう。クラウドソーシングを活用したAなどのような取り組みが、わが国でもどのように展開していくのか興味深く、注目していきたい。

(3) オフラインでのコラボレーション

オンラインを中心とした仕組みを説明してきたが、アイデアが生まれるのはオンラインに限られない。オフラインでも、たとえば自治体などが仲介して、中小企業にコンサルティング会社を引き合わせ、B2B(企業間の取引)の商品をB2C(企業と消費者の取引)の商品にするアイデアなどの例がある(『日本経済新聞』2013年10月21日)。

事例

B2BをB2Cへ――太平洋塗料株式会社

太平洋塗料株式会社(東京都太田区)は、産業用の機能性塗料を、ホームパーティで窓ガラスに絵をかいたりするのに使う「はがせる絵の具(マスキングカラー)」に変身させた。もともとは自動車部品などの搬送時に傷や汚れがつくのを防ぐために使う水性の剥離性塗料で、簡単にはがれる特徴を、デザイナーが手軽に使えるペン型の消費者向けの商品として提案した。この商品はテレビなどでも取り上げられるヒット商品となった。子どものいる世帯や賃貸住宅に住む若者にも売れているという。

また、経済産業省が仲介して、中小企業等にプロデューサーを引き合わせ、伝統工芸品を世界に売り込む試みも始まっている(『日本経済新聞』2014年3月31日)。国内市場が縮小しているから、あるいは海外には市場がありそうだからと、ただ海外に出るのでは消耗戦になりかねない。この試みでは、刃物や鉄瓶などの伝統技術と「和」の雰囲気を残しながら、相手先の国や地域の文化や慣習に合わせて一工夫し、新たな機能を持たせているのが特徴である。この例は、先のB2Cとは海外市場を対象とする点で異なるが、アイデアを施して市場を開拓する点では同じである。

3 IoTでエコシステム化は加速する

IoT（Internet of Things）とは、さまざまなモノにインターネットがつながり、ヒトとモノおよびモノとモノにおいて情報のやり取りができるようになる現象であり、色々な領域でさまざまな変化をもたらし、エコシステム化を加速させる。たとえば製造業では、製品の販売後もモノを通じて顧客の利用状況が企業に伝達され、モノの使い勝手が改善され、新しい製品・サービスの開発がおこなわれるようになる（図表1―2）。製造するだけではなく、その後のサービスまでもが総合的に重視される、あるいはサービスから製造を考えるビジネスモデルへの転換である。

たとえば、タイヤメーカーは、IoTの活用でタイヤに取り付けられたセンサーから、

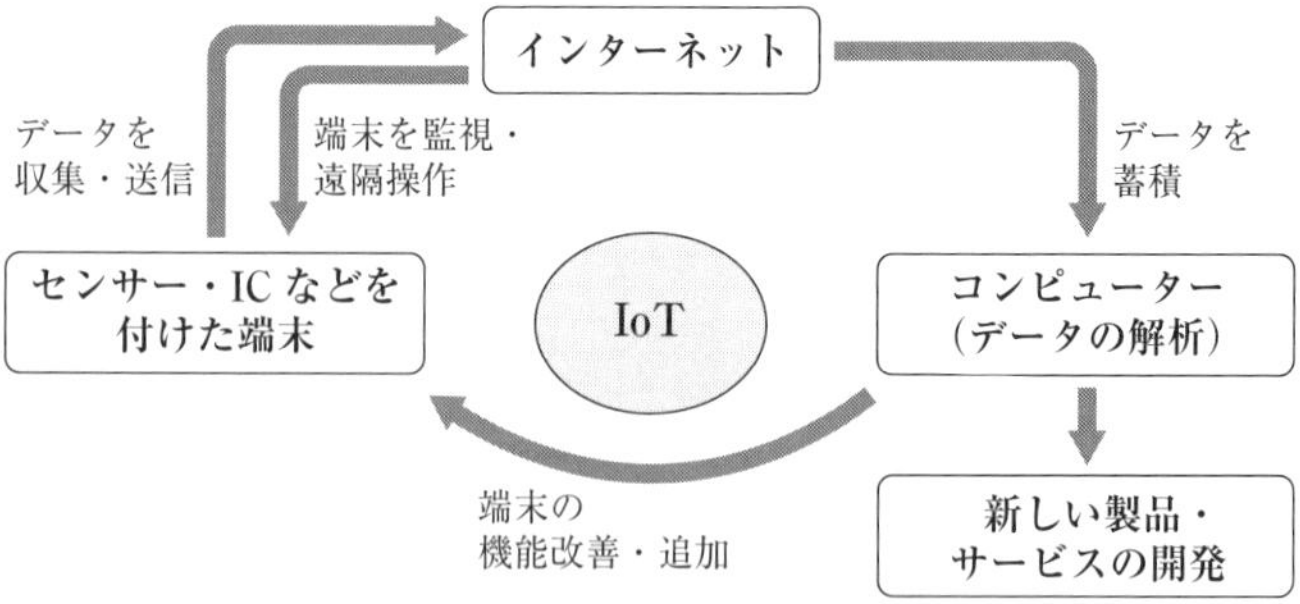

図表１－２　IoTを活用したビジネスサイクル
出所：大矢博之ほか（2015）「特集IoTの全貌」
『週刊ダイヤモンド』10月３日、36頁。

空気圧、温度、走行距離などのデータをインターネット経由で得て、異常があると運送会社やドライバーに通知して、タイヤの寿命を延ばし、燃費を向上させることができる。このメーカーは製品を売って稼ぐのではなく、安全な走行や燃費向上のサービスを提供し、走行距離で課金するビジネスモデルへと転換することになる。こうした製造業のサービス化のほか、大量生産から、顧客の個別の注文に対応した生産（カスタマイズ生産）への転換などが考えられる（大矢博之ほか「特集ＩｏＴの全貌」『週刊ダイヤモンド』２０１５年10月３日）。

大量生産で忘れられがちであった、顧客のニーズを意識した製造への原点回帰ともいえるだろう（インダストリー４・０にかかわる、スマート工場等の議論は割愛する）。いわばＢ２ＣからＣ２Ｂへの転換であり、ここでは「どのように」つくるのかももちろん大切だが、「何を」つくるのかがより重要になってくる（三菱総合研究所『ＩｏＴまるわかり』日本経済新聞出版社、2015年)。より一般的にいえば、クローズドな社会・組織・仕組みでは「どのように」するのかが重視されるが、オープンなそれらでは「何を」するのかが重要になる。

また、IoTの世界では、B2BとB2Cといった境界線があいまいになる、あるいはB2BでもCを意識したB2B2Cといった関係性が生じてくる。人と人のつながりを基本としてつくられる「社交的」ネットワークであるソーシャルメディアに、モノまでが入ることで、企業と顧客の関係性は変化し、協働が広がり進化・深化していくだろう。利用者が自ら操作した情報が伝達される、現段階のソーシャルメディアを基盤としたエコシステムから、格段の進展が予想される。

ただし、モノがインターネットにつながると、たとえばハッキングはインターネット空間ばかりでなく、物理的空間にも及ぶことになるため、セキュリティ対策を同時に進めていくことがたいへん重要である。

4 ブロックチェーンは世の中のあり方を変える

ブロックチェーンは、ネット上で複数の人が取引記録を共有して相互に取引を認証する技術である。これまで仮想通貨に付随する技術として取り上げられることが多かったが、むしろブロックチェーンの技術は仮想通貨にも利用できると考える方が適切である（以下の記述は野口悠紀雄『ブロックチェーン革命』日本経済新聞出版社、２０１７年に多くを依拠している）。

この技術が画期的なのは、管理者がおらず、自主的に集まったコンピューターで運営されている点、それにもかかわらずＰｏＷ（Proof of Work 各取引を認証するために算出しなければならないデータまたはそのようなシステム）によって記録の改ざんが難しく、事業が信頼できる点である。現在のように事業主の規模によって信頼性を得る必要がない。管理者がいないため、運営コストが非常に低く、また信頼性が確立されているため、これまでとは異なり、貨幣などの経済的価値をネットで送ることができる。

金融業は究極的には情報のやり取りなので、ブロックチェーンの技術に適合しやすく、仮想通貨での利用が先行してきたが、この技術はさまざまな分野に用いることができる。第2章で論ずるクラウドファンディングについても応用が始まっており、資金調達者の費用負担が軽減され、対象が広がる可能性がある。そのほか、証券取引所や証券保険振替機関のいらない取引システムの実現、契約の自動化（自動実行される契約）であるスマートコントラクトへの応用、地域通貨への展開などいろいろな適用が考えられ、実施に移されているものもある。

さらに、ブロックチェーンの技術は、エコシステムを支えるＩｏＴにも影響を与える可能性がある。ＩｏＴは画期的な仕組みだが、情報をセンサーからクラウドへ中央集権的に集めるので一定のコストがかさみ、コストに見合わないものには適用しにくい。しかし、ＩｏＴがブロックチェーンによって動くようになるとこの問題を解決できる。

ブロックチェーンの技術は、エコシステムを「自律型」へと発展させるインフラとして機能し、エコシステムの展開を拡大していく。前述の野口は、ブロックチェーンが社会に与える影響を以下のように論じている。

「金融の世界が効率化し、コストが低下するだろう。ただし、期待できるのは、それだけではない。社会の基本的な仕組みが変わるだろう。企業の形態が変わり、働き方が変わり、労働の成果が評価される仕組みが変わる。

われわれは、大組織が、大きいというだけの理由で支配力を行使する世界から抜け出せるだろう。それに代わって、人々が組織に頼らず、対等の立場で直接に情報を交換し、取引をおこなう社会を実現できる」。

第2章　フィンテックは金融分野のエコシステム化だ

1　金融（finance）と技術（technology）が融合する

金融は社会の枠組みの一部であり、社会の変化の影響を当然ながら受ける。金融分野でもフィンテックと呼ばれるエコシステム化が起きている。フィンテックとは、「金融（finance）」と「技術（technology）」を組み合わせた造語で、世界的に普及したスマートフォンのインフラや、ビッグデータ、ＡＩ（人工知能）などの最新技術を駆使した金融サービスを指す。金融は突き詰めると情報のやり取りであり、たとえばモノがインターネットにつながるＩｏＴとは直接的な関係はないようにも考えられるが、インターネット等の情報技術が既存の枠組みや組み合わせを変えるという点では共通しており、むしろ金融はＩｏＴよりも先行して新しい動きが生じている分野といえるだろう。

2節以下ではエコシステムに関連し、主にクラウドファンディングを取り上げるが、まずはフィンテックの概略についてふれる。フィンテックの分野は多岐にわたり、決済、送金、個人資産管理、個人向け金融、個人による投資サポート、小規模企業向けサービス（クラウド会計ソフトについては第14章1節で言及する）、資本性資金調達、融資などからなる（図表1－3）。

図表１－３　フィンテックによって実現される金融サービスの高度化事例

サービス分野	内容	海外の主な企業	日本企業（　）は商品名
決済(Payments)	スマホ等を利用してクレジットカード決済を行うサービス。伝統的に多くのFinTech企業が参入。一部はすでに大企業に成長。近年はBitcoinの技術により既存インフラ刷新を目指す企業も登場。	Pay Pal, Stripe, Square	LINE PAY, コイニー, メタップス(SPIKE)
送金(Remittances)	国際送金やP2P送金等のモバイル送金を低価格で提供するサービス。送金先に銀行口座がない場合も送金可能。外国人による母国への送金手段として注目されている。	XOOM, TransferWise, WorldRemit	――
個人資産管理(Personal Finance)	本人の許諾のもとで多くの金融機関の口座情報を集約して活用するアカウントアグリゲーション等により、顧客の資産を分かりやすく管理するサービス。	MX, Mint	マネーフォワード, Zaim, マネーツリー
個人向け金融(Consumer Banking)	モバイル等と銀行のインターフェースを担当し、モバイル等による銀行サービスを提供。個人に対して使い過ぎ防止等の適時適切な助言サービスも可能。	Simple, Moven	――
個人による投資サポート(Retail Investments)	個人投資への助言を、完全にソフトウェアだけで行うことにより、安価で提供するサービス。質問に回答することによるポートフォリオの組成、テーマ選択による投資、ビッグデータ分析による資産管理も可能。	Motif Investing, Wealthfront, Betterment	お金のデザイン, ZUU, Finatext(あすかぶ!)
小規模企業向けサービス(Business Tools)	小規模企業向けに、売掛金・買掛金・固定資産等の管理、請求書作成、給与・税金支払いといった経理、税務等のサポートを行うサービス。	Xero, Zenpayroll, Zenefits	freee, メリービズ
資本性資金調達(Equity Financing)	資金を必要とするベンチャー企業と個人投資家をマッチングさせて、資本を調達するサービス。IPO投資も可能。	CircleUP, Loyal3	ミュージックセキュリティーズ
融資(Lending)	Web上で貸手と借手を募り、Rating等を実施して、融資を実現するサービス。P2Pレンディング、ソーシャルレンディングとも呼ばれ、融資対象は個人、法人。FinTechにおいて現在最も注目される領域といわれている。	LendingClub, Prosper, Kabbage, Affirm	Maneo, エクスチェンジコーポレーション(Aqush), クラウドクレジット

出所：日本銀行。

わが国でもさまざまな議論や取り組みがおこなわれており、他の産業とくらべて金融業では顧客志向の対応が不十分であったことや、法人向融資業務の飽和状態の裏返しからか、とりわけ決済や送金などのＢ２Ｃの分野への関心が高いように感じられる。

決済分野であっても、ビットコインの交換所であるマウントゴックス社の破たんなどから、ビットコインあるいは仮想通貨全体への一般の関心は、これまで必ずしも高くなかった。しかし、２０１７年に入り、ビットコインを新たな決済手段として店舗に導入する動きが広がり始めた。ビックカメラは２０１７年４月から都内2店舗でビットコインによる決済を開始した。リクルート加盟店も夏をめどに26万店で利用できるようにする。投資が中心だったビットコインの利用が店舗での決済手段に広がる。訪日外国人を狙った動きだが、わが国の消費者への普及につながる可能性もある。２０１７年４月に改正資金決済法が施行され、仮想通貨の取引所に登録制が導入され、安全面での制度整備が進むことや、７月から仮想通貨の購入時にかかっていた消費税がなくなったことも追い風になるだろう（『日本経済新聞』２０１７年４月５日）。

仮想通貨は金融ひいては社会に大きな変革をもたらす可能性がある。仮想通貨は、法定通貨と異なり、特定の国家による価値の保証を持たず、インターネット上で取引される通貨である（図表１－４）。安全性を重視すると、重層的でクローズドな仕組みで運営することになり、

図表1－4　仮想通貨・電子マネー・通貨の比較

	仮想通貨	電子マネー	通貨
代表的な例	ビットコイン	Suica，Nanaco	日本円
仕組み	P2P技術と公開鍵暗号などの暗号技術により取引所が分散管理	発行体による集中管理	日本銀行による集中管理
信用担保の仕組み	ブロックチェーンによる分散管理。参加者が「マイニング」により通貨を発行することで信用を担保	利用者のデポジットと発行体の管理	日本銀行による発行量の管理と信用保証
発行上限	上限あり（2,100万枚）	利用者のデポジットした金額が上限	上限なし
債権・債務の関係	存在せず	発行体が保証	日本銀行が債務を負う形で価値を保証

出所：楠真（2016）『Fin Tech 2.0』中央経済社、112頁。

これを利用する送金サービスなども高額なものになる。ところが、先にふれたように、ネット上で複数の人が取引記録を共有して相互に取引を認証するブロックチェーンという技術を用いると、中央銀行（発券銀行）のないオープンな仕組みの通貨を実現できる。仮想通貨が今すぐに法定通貨にとって代わると考えるのは早計だが、これまでの常識を根底から覆すものである。オープンな仕組みのフィンテックの世界は、クローズドな既存の金融の仕組みとはまったく異なり、中央銀行や金融機関、さらにはこれを前提としていたさまざま仕組みや行動に大きなインパクトをもたらすだろう。

また、少し性格は異なるが、規制や法令順守の運営・管理を、ＩＴを用いて効率的におこなう「レグテック（規制・regulation と技術・technology からなる造語）」が立ち上がり始めている。

2 地域の可能性を掘り起こすクラウドファンディング

投融資の分野においても、クラウドファンディングや、ネット上で資金貸借をするソーシャルレンディングといった新しい手法が誕生している。こうした投融資は地域金融機関の守備範囲外を掘り起こすものなのか、あるいは地域金融機関の既存業務の一部を代替するものだろうか。

（1）クラウドファンディングとは

クラウドファンディングは、資金を調達したい個人や企業と、資金を運用したい不特定多数の個人とを、運営会社がインターネット上のプラットホームでマッチングさせるサービスである。資金調達者が必要な金額を申し出て、資金提供者が資金使途やリスクを勘案して提供に値すると考えれば実行される（図表1－5）。

クラウドファンディングの特徴は、①資金使途に商品開発から地域振興や社会問題解決までを含み、幅広い点、②資金の必要性をプラットフォームやフェイスブック、さらにはオフライン（対面）を使ってアピールする点、③資金調達後も、これらを利用して資金提供者へ活

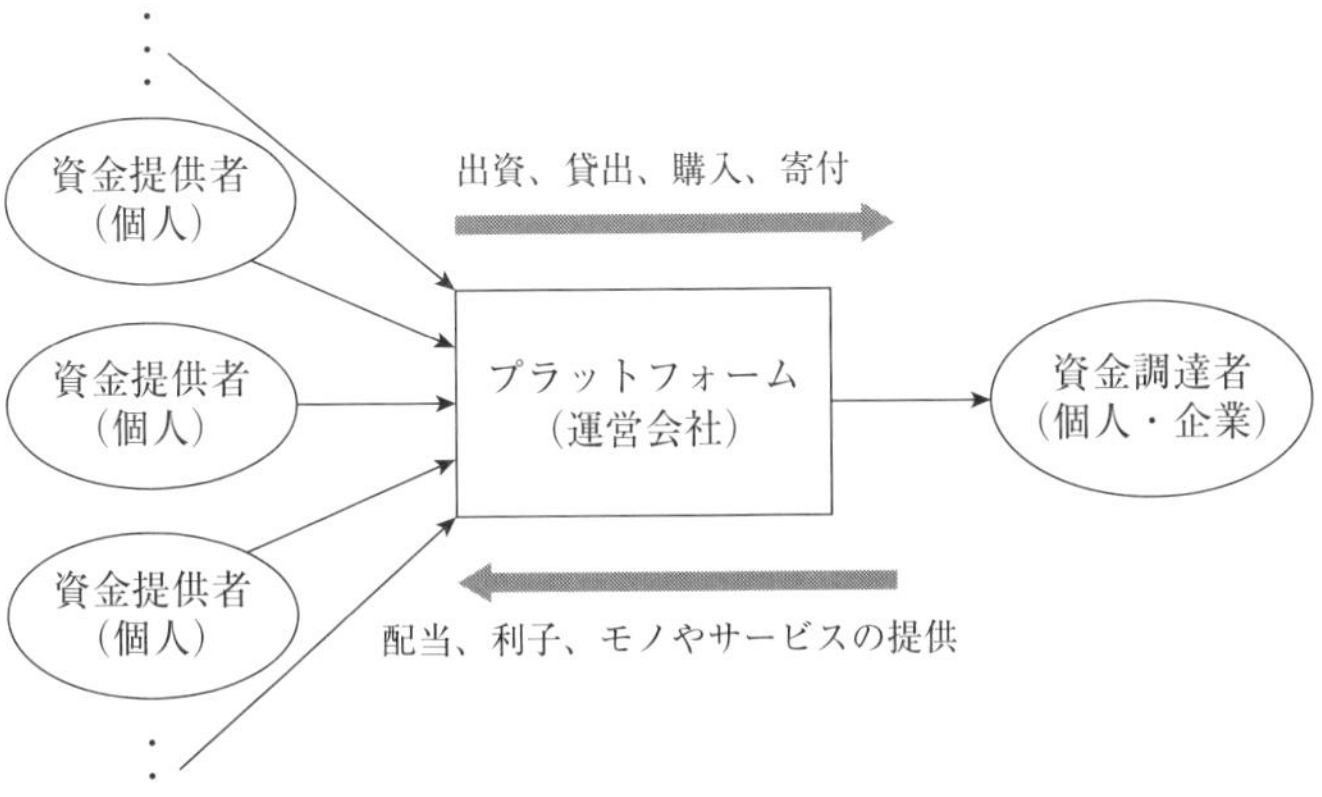

図表1－5　クラウドファンディングのイメージ図

出所：槇泰俊（2012）『ソーシャルファイナンス革命』技術評論社、132頁に加筆修正。

動の進捗状況などを報告したり、ときには交流したりする点などである。また、④とくに商品開発では、資金の調達を通じて当該商品の潜在的需要を推し量ることもでき、直接的なコストがかかることなくマーケティングとして機能している点も特徴である。資金提供者が好みや要望を述べることで、企業との間に協働の関係が生じることもあり、第1章2節で述べた「マーケティング3・0」の世界が、資金を介在とするケースでも成立している。あるいは「マーケティング3・0」の世界をベースに資金仲介が成立している。

次に、資金提供者側からクラウドファンディングの特徴をみると、⑤提供者が金銭的リターンばかりでなく、提供した資金がどのように使われるのかという、社会的リターンにも興味をもっている点にある。そして、⑥ときには（商品開発に限らず）事業活動そのものを応援し、参加することとさえある。ソーシャルメディアを利用した新しい金融の真骨頂である。

（2）分類

クラウドファンディングはいくつかの分類ができ、本書では慎泰俊の『ソーシャルファイナンス革命』（技術評論社、２０１２年）に依拠しておこなう。これによると、クラウドファンディングは、「社会関係の介在の有無」によって、「投資信託型」と「ソーシャルネットワーク型」に分類できる（図表１－６）。前者の資金提供者が投資リターンに興味があるのに対し、後者のそれは資金がどのように使われるのかにより興味をもっている。そして、両者は、「資金の性質」によって、「貸出（デット）」、「出資（エクイティ）」、「購入・寄付」に細分化できる。本書は預金金融機関を主な対象としているため、貸出は、ソーシャルレンディングとして後述の3節で個別に取り上げている。なお、「貸出」と「出資」の運営会社は、金融の業者登録が必要となる。

（3）市場規模

クラウドファンディングの世界の市場規模（資金調達額）は、クラウドファンディングの調

図表1－6　クラウドファンディングの分類

		社会関係の介在の有無による分類	
		投資信託型	ソーシャル ネットワーク型
資金の性質による分類	貸出（デット）型 返済が前提となる資金	レンディングクラブ， AQUSH	maneo， キバ， プロスパー
	出資（エクイティ）型 返済が必ずしも 前提ではない資金	該当なし	ミュージックセキュリティーズ， ルムニ
	購入・寄付型 返済の必要のない資金	該当なし	キックスター， ジャストギビング， CAMPFIRE

出所：慎泰俊（2012）『ソーシャルファイナンス革命』技術評論社、132頁に加筆修正。

査・コンサルティング会社のmassolutionsによれば、２０１４年に、前年比１６７％増の１６２億ドルで、地域別では北米が58・４％を占め、種別では貸出型が68・３％を占める。２０１５年の予測市場規模は３４４億ドルである。

わが国の市場規模は、矢野経済研究所によると、２０１５年度に、前年度比68％増の約３６３億円へ拡大した。その内訳は寄付型０・４％、購入型９・０％、出資型１・９％、貸出型88・７％である。社会貢献性や共感性の高いプロジェクトが多数起案されて大型プロジェクトが成立し、マイナス金利時代を反映して好利回りの貸付型が拡大したことが背景にあるという。クラウドファンディングは単なる資金調達の場から、テストマーケティング、販促活動としての活用効果に加え、その後の事業拡大のための継続利用も顕在化しつつある。

事例

大学生も資金を獲得！研究支援のクラウドファンディング

クラウドファンディングというと、地域活性化や中小企業の商品開発などが代表的だが、Academist（アカデミスト）は、わが国初の研究費獲得に特化した購入型のクラウドファンディングである。その目的は以下のように述べられている。

「近年、国立大学への運営費交付金が削減されるとともに、競争的資金の割合が増えているため、研究者のアイデアに投資することが難しい現状です。実際、研究者の方々から「研究費申請書類にはこう書いているものの、本当はこういうことをやりたいんですよね」という声を聞くことも少なくありません。……（中略）……研究アイデアや研究者の魅力がインターネットを通じて全国に発信されて、より多くの方々に「この研究分野、おもしろい！」と思っていただいたり、アカデミアの現状にふれたりする機会を増やすことで、将来の学術界に発展に貢献していきたいと考えております（ウェブサイトから抜粋）」。

たとえば、茨城大学理学部の岡西政典助教らの研究グループは、２０１４年に資金を獲得し、それらを活用して進めてきた研究の成果が、2017年3月に生物学系の学術雑誌「Zookeys」（オンライン版）に掲載されるに至った最初の例である。計81人のサポーターから、目標金額の40万円を超える約64万円の寄付が集まり、当初予定していなかった解析もおこなえたという。同氏のテーマは「深海生物テヅルモヅルの分類学的研究」で、返礼は、金額に応じて、オリジナルのポロシャツやパーカー、テヅルモヅルの標本、論文の謝辞に氏名の掲載などである（茨城大学のウェブサイト参照）。

資金調達者の支援を通じて共同研究に発展するケースもあるという。また、利用者には大学等の常勤研究者はもちろんのこと、そのほか多様な人々がいる。ちなみに、先の岡西氏は申請時には京都大学のポストドクター研究員であった。なかには大学生がチャレンジしている場合もある。

このプラットフォームや事例は地域とは一見関係がないようにも思えるが、クラウドファンディングの特徴の一つは、クローズドな仕組みでは実現できないことを、ネットを通じて実現することであり、地域についても同様のことがいえる。地域やニッチな領域を支えるものは、地域などに限定されず、もっと広い世界に存在している。

3 ソーシャルレンディングはネットでの資金貸借

ソーシャルレンディングは、資金提供者と資金調達者の間での「貸出」を、運営会社がネット上でマッチングさせるサービスである。借手が必要な金額を申し出て、貸手の希望する利回りやリスクと合致すると実行される。

アメリカでは2006年に起業したプロスパーや2007年に起業した最大手のレンディングクラブなどがあり、わが国では2008年に起業したManeoのほか、SBIグループのSBIソーシャルレンディング、独立系のエクスチェンジコーポレーション（ファンド名はAQUSH）などがある。

ソーシャルレンディングには、ソーシャルネットワーク型と投資信託型があり、まずは前者について考察する。ソーシャルレンディングは、マイクロファイナンスのように、共同体的な社会的結合を活用して金融取引を実現するものではなく、①インターネット上の集合知、②貸手が信用審査のためにかける機会費用の安さ、および③「紐付き」の貸出で貸手に発生する心理的な満足感（効用）によって、従来の金融機関には困難であった取引を、より効率的な形で実現している（森田果「ソーシャルレンディングはどのように機能しているのか？」『季刊 個人金融』第8巻第1号、2013年）。

これまでソーシャルネットワーク型のソーシャルレンディングについて述べたが、アメリカでは個人が個人に貸し出すばかりでなく、資金の出し手はヘッジファンドや機関投資家であることも多く、この点に着目した場合、「マーケットプレイス・レンディング」と呼ばれる（125頁の第8章2節でアメリカのケースについて取り上げる）。また、同じレンディングでも、オンライン上での融資の仲介ではなく、金融事業者自らが資金を調達して貸出をおこなうものは、「バランスシート・レンディング」と分類される。

4 ベンチャーキャピタルとエンジェル投資家

ベンチャーキャピタル（ＶＣ）は伝統的な金融機関だが、次節でクラウドファンディングの概念整理をし、他の金融機関との比較をおこなう際の対象となるため、ここで言及する。

ベンチャーとは新しい技術と斬新な経営ノウハウをもつ中小の新興企業だが、創業から株式公開までには、いくつかの段階を踏まえ、それに見合う資金供給の主体が必要となる。①事業調査などをおこない始めた程度の創業期（シード）では、創業者一族やエンジェルと呼ばれる個人裕福層が、②事業内容の詳細を確定し事業を開始する段階（スタート・アップやアーリー・ステージ）と、③成長期（エクスパッション）の企業にはＶＣなどが、それぞれが主に対応する。④経営改善効果が見込める成熟企業などのバイアウトには投資会社が存在する。

①（や②）への資金供給はハイリスクな一方、機動的な対応が必要となり、自己資金を用いて投資をおこなうエンジェルの存在が期待される。エンジェルは起業経験者が多いため、創業者一族では賄えない資金供給ばかりでなく、さまざまな経営支援（ハンズオン）をおこなうのが一般的である。エンジェルは、投資目的のいくぶんかを、起業支援そのものにもち、ハイリターンを迫る傾向が相対的に小さい。エンジェルの投資先は所在地の一定範囲に限定されながら点在するため、ベンチャーとエンジェルを引き合わせるネットワークが大切になる。また、自己資金を投入するエンジェルではとくに、インセンティブとしての優遇税制が重要となる。

②（や③）の段階では、エンジェルでは賄い難い資金額が必要となる一方、その供給はハイリスクで、担保となる資産も不十分な場合が多く、一般に銀行などの融資は不向きである。ベンチャーにとっても、元利金の返済が必要な負債は重荷となるので、投資の方が馴染みやすい。VCは投資家からファンドに集めた資金を供給するだけでなく、さまざまな経営支援をおこなうが、（バイアウトとは異なり）一般に経営権はベンチャーにある。

④の段階では、戦略外のグループ会社の売却や、公営企業の民営化などで、成熟企業の再編も大きな課題となる。破たんや業績不振の企業にも価値のある技術やノウハウが存在し

うるため、その事業再生には意味がある。投資会社はこうした企業を買収・経営支配し、経営陣の派遣や企業紹介など、より直接的な関与をおこない、企業価値を高める。バイアウトは成熟企業を対象とし、相対的にミドルリスク・ミドルリターンの投資である。

5 「相対《あいたい》型直接金融」という新しい枠組み

ここでは、クラウドファンディングを、「相対型直接金融」という概念で筆者なりに整理する。あわせて、VCやソーシャルファイナンスなどとの比較から、アメリカの金融機関を例に取りながら、「相対型直接金融」の特徴を明確にする。

(1) クラウドファンディングの性格

クラウドファンディングの取引形態は、従来の枠組みを越えたユニークなものである。クラウドファンディングは、資金にまつわるリスク・リターンを資金提供者が負う点では直接金融であるが、取引がおこなわれる段階ではお互いを認識し、あるいは共通の目的をもっている点では相対型の性格をもちあわせており、「相対型直接金融」とでもいうべき、新しい金融である。

ここでいうリスク・リターンについてクラウドファンディングの分類ごとに説明する。寄付型におけるリターンは、寄付によって応援したい当該の活動などが実行されること、あるいはそれにともなう資金提供者の満足感にある一方、リスクはその活動などがかならずしも実現しないという点にあるだろう。購入型も寄付型と類似しており、リターンは当該活動の実現や満足感、および商品等の入手にあり、リスクはこれらが実行されないことである。また、出資型では、リターンは活動の実現や満足感、および金銭的リターンの獲得にあり、リスクはこれらが実現しないことである。購入型と出資型のリスク・リターンは、商品や金銭が付随する点で寄付型と異なるが、購入型と出資型でも活動の実現や満足感がベースになっているところに、クラウドファンディングの特徴がある。

(2) ベンチャーキャピタルなどとの比較

VCは、「直接金融」であり、経営指導などのハンズオンを通じて、ベンチャーにかかわっている点に特徴がある（対象領域の類似・相違については図表1－7を参照。以下同様）。ハンズオンは投資利回りを高くするという目的ばかりでなく、可能性のある企業を世に送り出すという、一種の「社会的使命」のためにもおこなわれる側面はあるが、ハンズオンをおこなうのはVCであり、資金提供者（投資家）は金銭的リターンに主に関心がある点などで、「相対型直接

図表1－7　金融の分類（アメリカの場合）

	コミュニティバンク	クレジットユニオン	地域開発金融機関	クラウドファンディング	エンジェル	ベンチャーキャピタル
直接・間接の分類	間接金融	間接金融	間接金融	相対型直接金融	（相対型）直接金融	直接金融
主な対象領域	中小企業	メンバー（個人）	地域開発、社会関連事業など	中小企業、ベンチャー、社会関連事業など	ベンチャー	ベンチャー
ハンズオン・ハンズオフ	ハンズオフ	ハンズオフ	ハンズオン（テクニカルアシスタンス）	マーケテイング機能や間接・直接的支援など	ハンズオン	ハンズオン
地域性（地域限定性）の有無	有	有	有	無	有	有・無

出所：筆者作成。

金融」とは異なる。一方で、ベンチャーのなかには、商品開発や販売拡大の資金に充てることに加えて、消費者の評価を探る市場調査を目的に、クラウドファンディングを利用するところも増えている（『日本経済新聞』2016年7月4日）。

クラウドファンディングに対し、ベンチャーの初期段階を支援するエンジェルは、起業経験者であることが多く、自己資金を投資してハンズオンをおこなう。もちろん金銭的リターンに関心はあるが、自分の経験を活かして起業家を支援したという側面が少なからずあり、「相対型直接金融」と多くを共有している。一方で、エンジェルが個人の能力あるいはそのネットワークを通じて資金提供とハンズオンをおこなうのに対し、クラウドファンディングなどでは、社会的ネットワークを通じてこれらをおこなう。クラウドファンディングには、起業経験者が多いエンジェルがおこなうような、個人の強力なハンズオンは存在しないが、それがゆえに商品開発などでの資金調達では、大勢の個人の反応度合いや、コメントなどが、商品ニーズを探るマーケティングとしても機能してくる。まさにクラウド（群衆）である。また、こうしたハンズオンの形態は金融機関の地域性と関連している。

ソーシャルファイナンスには、非営利の地域開発金融機関（ＣＤＦＩ）が存在し（わが国ではＮＰＯバンクが該当する）、自ら貸出の判断をおこなうもので、「相対型」の「間接金融」である。資金提供だけでなく、技術支援などのテクニカルアシスタンス（ＶＣ等のハンズオンに相当）などを通じて、借手にかかわっていく点に特徴がある。

事例

城北信用金庫とクラウドファンディング――Makuakeと組んだワケ

城北信用金庫（東京都北区）のウェブサイトをみると、トップページに「NACORD 地域企業のアイデア満載！・」というバナーに気付く。クリックすると、「MAGAZIN」「CROWD FUNDING」「PRDUCT」という項目とともに、地元のラーメン屋のラーメンや、アコースティックギターの写真などが目に飛び込んでくる。

これは城北信用金庫が、クラウドファンディングサイトであるMakuake〔株式会社サイバーエージェント・クラウドファンディング（東京都渋谷区）による運営〕と連携して、中小事業者の新たな取り組みを支援するために、2015年に開設したものである。同名のフェイスブックページもある。この事例は信用金庫と購入型クラウドファンディングにおけるわが国初の連携である。

Makuakeのウェブサイトでは以下のように述べられている。「本取り組みは、……（中略）……地域企業の新規事業などのチャレンジをクラウドファンディングで支援するものです。これまで、事業規模の小さい地域企業は、実績の少なさなどから新たな事業に取り組みにくい一面がありましたが、クラウドファンディングの活用はこうしたチャレンジに有用な仕組みです。本取り組みにより、城北信用金庫は地域企業をサポートする新たな機能を手に入れるほか、プロジェクト成功実績をもとに、融資判断の一助とすることも可能となります」。

クラウドファンディングの実績は、2017年2月14日時点で、協定を結んだ帯広信用金庫・高山信用金庫・岐阜信用金庫・にいかわ信用金庫との合計で、掲載案件数37件（城北信用金庫の案件は27件）、合計調達金額は約3972万円（同約2173万円）、合計支援者数は5355人（同2074人）である（サイバーエージェント・クラウドファンディングの坊垣佳奈氏と城北信用金庫の越野理恵氏の対談における越野氏の発言から。「城北信金がMakuakeと組んだワケ――連携で4000万円調達」『日経トレンディネット』2017年4月17日)。

城北信用金庫の越野理恵氏によると、創業期や商品開発の段階では、資金の返済が必要ない、購入型クラウドファンディングが適しており、事業の運営や拡大には金融機関の融資の方が適しているという。また、クラウドファンディングの利用については、金庫内の不安の声は現在でも残っているが、経営陣がこの取り組みを推進したとのことである。

Column

コラム

わが国では電子マネーが、アメリカではクレジットカードが使われるのはなぜか

わが国で電子マネーが普及し始めて15年くらいになり、流通系のそれを中心に、主要8社の年間決済額は5兆円を上回っている。こうした影響から1円玉の新規流通は、2010〜2012年度はゼロとなり、2014年4月の消費税率8％への引き上げへの対応で2013年度以降は新規流通があったものの、2016年度には再びゼロとなった。

ところで、アメリカでは電子マネーは普及しているのだろうか。一部のプリペイドカードを除けば答えは否である。そもそもわが国で電子マネーが普及するのは現金社会の裏返しだろう。もっとも、いわゆるお金のうち現金の占める割合は7％程度で、ほかは預金などであるから、すでにほとんどは電子化されているともいえる。それでもオープンなネットワークで展開される電子マネーは、ポイントともあいまってマーケティングとしての利用価値はある。

アメリカでは個人でも当座預金（チェッキング・アカウント）をもっており、支払いには小切手を利用してきた。もちろん現金も使うが、高額紙幣は20ドルまでしか受け入れてもらえないことが多く、したがって数万円単位を現金で支払うのは一般的ではない。空港などでは観光客向け

Column

に50ドル札を受け入れる店はあるが、偽札でないかどうかその場で機械を使ってチェックされる。小切手は預金口座をもっている人でないと使えず、身元もわかるという意味では安全で便利だが、そうはいってもその処理には手間がかかるため、現在ではクレジットカードや、(預金口座にある金額内で支払いのできる)デビットカードを用いるのが一般的だ。いわば小切手の電子化である。ちなみにアメリカでホテルに泊まるときはクレジットカードの提示が求められ、追加の支払いはそれでおこなわれる。わが国でもネットショッピングの普及にともないクレジットカードの利用が増えているが、一回払いがほとんどであり、(月々の支払いを一定額にする)リボ払いなどはあまり一般的ではなく、アメリカとはその利用の仕方が異なっている。

フィンテックの進展によって、日米の違いの一部はなくなってくるのかもしれない。しかしながら、考えてみると、そもそもなぜわが国は現金社会でアメリカはそうでないのだろうか。諸説あるようだが、大胆にいえば信用社会と契約社会の違いと考えられる。わが国のように単一民族ではないまでも少数の民族が住む島国の村社会では、相互の信用のもとに、契約という記録よりは現金という効率性の方が優先されたのだろう。一方で、アメリカのように多民族の社会では契約として記録に残すことが大切になってくるようだ。こうした社会の成り立ちが、現在にも少なからず影響を与えている。もちろん、契約社会でも信用は大切である。

第2部

地元資本が支える アメリカ経済

「メインストリート」金融の強みに学ぶ

「大銀行はあなたを番号で管理しますが、私たちは1人の人として接します」とうたう、コミュニティバンク(サンフランシスコの金融街にて)。

第2部のキーワード

ウォールストリートとメインストリート

前者には金融経済、巨大資本、富裕層や支配層が、後者には実体経済、地元資本、一般市民という意味合いがある。アメリカの社会は両者のバランスのもとに成立している。

コミュニティバンク

メインストリートの小規模銀行。株式会社だが、多くは非上場で、地域に密着した経営によってメインストリートを支える。全米に約4500存在。

リレーションシップバンキング(リレバン)

地域密着型金融。コミュニティバンクは、地元企業への貸出において、財務諸表だけでなく、経営者の人柄・能力・経営判断・業界での評価なども用いておこなう。

リーマンショック

2008年9月に大手投資銀行・リーマン・ブラザーズが破たんし、これに端を発して金融危機が生じた。証券化を乱用したウォールストリートの暴走は、世界を混乱に陥れた。

市場論理と非市場論理

アメリカ金融システムは、効率性を重んじる市場論理と、伝統・文化・慣習などからなる非市場論理という二面性をもちあわせ、この調和にメインストリートの存在意義がある。

アメリカの社会は、ウォールストリートとメインストリートという構図でしばしば捉えられる（序章参照）。これは、反独占・反中央集権、金融集中の排除という、アメリカの伝統的な考え方を反映したものであり、前者には金融経済、巨大資本、富裕層や支配層（エスタブリッシュメント）、後者には実体経済、地元資本、一般市民といった意味合いがある。アメリカの全企業数の74・7％は従業員10人未満のメインストリートの企業であり、99・6％が同500人未満の企業である。また雇用面では、従業員10人未満の企業が全雇用の10・3％を、同500人未満の企業が53・2％をかかえ（2016年第一四半期）、新設の中小企業は新規雇用の約60％を創出している。地元資本がアメリカ経済を支えているといって過言ではない。

以下では、ウォールストリート金融の動向を踏まえながら、メインストリートの金融について、その仕組みを確認し、ポスト（脱）工業化会社会において果たしてきた役割を明らかにし、エコシステムにおいて求められるものを考察する。

第3章　アメリカ金融システムの全体像

1　ウォールストリートとメインストリート

アメリカの金融システムは、ニューヨークなどのマネーセンター（巨大金融都市）を拠点に国内外の資金が取引されるウォールストリートと、地域を拠点に地域の資金が取引されるメインストリートから形成される。前者にはマネーセンターバンク（大手商業銀行）、投資銀行、投資会社などの巨大資本の金融機関や専門金融機関が存在し、後者にはコミュニティバンクなどの地元資本の金融機関、協同組織金融機関などが存在している（図表2－1）。

ウォールストリートとメインストリートは対立軸として扱われることが多いが、対立しながらも両者の相互補完のもとに全体の金融システムが成立しているというのが筆者の理解である。ウォールストリートの競争から生まれる価格メカニズムや金融サービスに、メインストリートも恩恵を受ける一方で、金融に求められる価値観は、市場論理ばかりでなく伝統・文化・慣習などの非市場論理にも及び多様であるにもかかわらず、ウォールストリートが市場論理を重んじて活動できるのは、他の価値観をも支えるメインストリートの存在から恩恵を受けるためである。

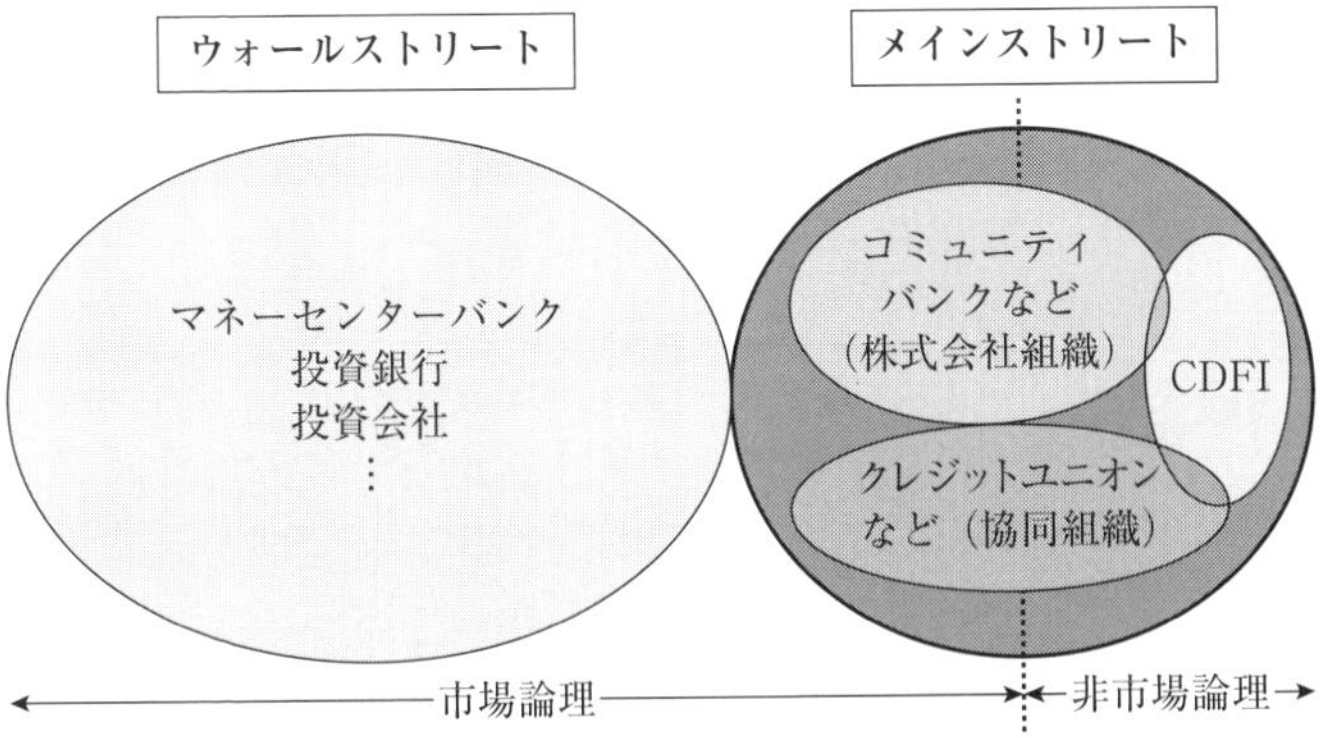

図表2－1　金融システムの全体像

注：枠の大きさは必ずしも勢力の大小を表しているわけではない。
CDFIは地域開発金融機関を示す。
出所：筆者作成。

ただし、リーマンショックに象徴される金融危機のように、ウォールストリートが暴走し、一部のメインストリートがこれに便乗することもあり、両者そしてその組み合わせである金融システムのあり方は常に検証されねばならない。

巨大資本のウォールストリートに、地元資本のメインストリートが対抗するすべとして、分断的・分権的な金融システムが構築された。具体的には地理的規制や業際規制があり、後者では銀行と証券の兼業を長い間制限し、ウォールストリートの内部を分断していた。しかし、後述する1990年代の証券化市場の拡大や兼業の制度的容認から銀行業と証券業の区分が曖昧になり、証券化市場と非証券化市場といった区分、あるいは証券化に主体的にかかわる金融機関とそうでない金融機関といった区分の方が、金融システムの実態を捉えやすくなった。証券化の進展は、ウォールストリート内にあった業際の壁を取り払い、ウォールストリートとメインストリートという構図を鮮明にした。それは同時に巨大資本と地元資本という構図をも鮮明にするものである。

このような変化は、メインストリートとウォールストリートを形成する人的側面にも影響を与える。むしろ、人的つながりの結果の多くが作用して、金融システムが形成されているといった方が適切かもしれない。メインストリートは、メインストリートの人的つながりから構成され、この人的関係のなかで金融業務が展開されていく。というよりは、最初にメインストリートという人間社会があり、そこに手段としての金融が存在しているというべきだろう。メインストリートを支えるさまざまな制度や慣行は、価値観を市場論理以外にも求めるコミュニティの要請に応ずるために存在する。これらが金融機関の自己保身だけに用いられる危険性がないとはいえないが、こうした行為は金融機関自らの存立基盤の否定にほかならない。

ウォールストリートにも、小さな政府・規制緩和・市場原理・自由貿易からなる「ワシントン・コンセンサス」を推し進める、アメリカ財務省・国際通貨基金（ＩＭＦ）・世界銀行や、そのルールで活動する巨大金融機関・専門金融機関の間に濃密な人的関係が存在する。メインストリートと異なるのは、金融商品が当初の取引当事者の手もとから離れて、金融商品だけが価格・格付のなかで取引される点である。ウォールストリートでは、洗練された金融商品・仕組みが提供される一方で、儲けやすい仕組みづくりが最優先され、金融という行為自体が自己目的化しやすく、サブプライムローン（信用力の低い個人向住宅ローン）のように一度問題が生じれば、その影響は広範に及ぶことになる。

2 ウォールストリートはどのように変貌したのか

先にふれたように、金融システムには銀行業と証券業という区分が長い間存在した。しかし、１９６０年代後半からの経済環境の変化、１９７０年代の金融技術の進展、１９８０年代の規制緩和を源流に、様子が変わってきた。現在の金融システムでは、資産証券化などによる市場型間接金融の生成によって資金の流れが複雑化し、これにかかわる資産担保証券（ＡＢＳ）発行者などの新たな金融機関が誕生し、証券化資産を購入するファンド金融が拡大していった。

これを全部門（金融＋非金融）の金融負債残高の対国内総生産（ＧＤＰ）比でみると（20頁の図表序—１）、金融が高度化する一方で、実体経済から乖離して急速に膨張していく状況がわかる。対ＧＤＰ比は長い間１・５で推移してきたが、１９８０年代には金融自由化と歴史的高金利期の終焉を背景に急速な伸びをみせた。その後安定した時期を迎えたものの、2000年代には金融技術のさらなる活用と歴史的低金利を背景に再び急速に伸びている。負債の内訳は、1980年代が企業・政府部門の増大が主因だったが、2000年代には家計部門の住宅ローンと証券化関連の金融機関の増大が主因である。

このように証券化市場が急拡大し、ウォールストリートが変貌するなかで、銀行の経営スタイルは二極化していった。すなわち、住宅ローンなど証券化しやすい分野での貸出を伸ばしながら、証券化も含めた手数料収入を上げるマネーセンターバンクと、事業向貸出に回帰するコミュニティバンクである。後者は追って述べるが、前者のマネーセンターバンクは1980年代に（非金融部門の金融負債残高に占める）貸出額シェアを縮小させたものの、1990年代に入ると不良債権処理にめどがつき、住宅ローンの増大によってシェアを回復し、証券化などの手数料収入も獲得してきた。こうした動きは、金融技術の進展などによって金融業が変容していくなかで、金融持株会社（FHC）の容認などの法整備を背景に、マネーセンターバンクが本体・持株会社レベルの双方で銀行業へのかかわり方を大きく転換し、投資銀行や投資会社などのほかのウォールストリートの金融機関とより同化していく過程である。同時に、投資銀行が伝統的な業務から自己勘定業務へと比重を移したように、ウォールストリートを変貌させていく過程でもある。

しかし、長期にわたる信用膨張のなかで、ウォールストリートは適切なリスク移転・分散という証券化の本来の目的をなおざりにし、資産価格は下落しないという非現実的な想定のもとに、債務担保証券（CDO）などのさまざまな手段を使い、金融システム内でクレジットを幾重にも膨張させ、利益を稼ぐ仕組みになり、金融システムを大混乱に陥れていった。こうした混乱を予防できない、規制・監督体制の再構築が不可避となり、2010年7月にドッド＝フランク・ウォールストリート改革および消費者保護法が成立した。なお、トランプ大統領は同法の大幅な規制緩和を計画しており、2017年6月12月に財務省から報告書が提出された。

3 メインストリートの金融はなぜ存在するのか

アメリカでは1990年代前半まで、州を越えて銀行を買収したり、支店を設置したりすることが制限されてきた（ちなみに、2016年末でも全銀行数の約20％は支店をもたない単店銀行である）。この規制の緩和・撤廃は、金融環境・技術の変化とあいまって、銀行業内の営業地域や業務分野の壁を低くしていった。マネーセンターバンクは州を越えて銀行を買収したり支店網の拡大にのりだしたりするのと同時に、メインストリートの銀行（コミュニティバンク）が伝統的に手がけてきた、中小企業向貸出や住宅ローンなどのリテール分野での攻勢を続け、勢力バランスの変化・大幅な金融再編をもたらした。たとえば、全体の銀行数は2016年末に2001年末比で37％純減して5113行になった。

ただし、ここで起きている現象は、単なるメインストリートのウォールストリート化を意味しているわけではない。大幅な再編を経験した後でも、銀行数の90％程度がコミュニティバンクであるし、金融危機前には年間に100～200の新設があるなど、集約とは異なる動きも起きている。コミュニティバンクは中小企業向貸出で40％程度のシェアをもち、さらに地域レベルで接近すると、通常の認識（全米平均）とは異なり、多くの州で中小企業向貸出において大きなシェアをもっている。

地域経済にとって存在意義のある中小企業への融資でも、マネーセンターバンクではその価値を理解して貸し出すにはしばしば採算が合わない。換言すれば、地域に根付き、経営者の資質などのソフト情報を人的・組織的に獲得・活用できる、コミュニティバンクの存在が不可欠である。銀行が大規模化して顧客のニーズを満たしにくくなると、既存や新設のコミュニティバンクがこれを取り込んでいくのがわかるが、この自律性がメインストリートの特徴の一つである。これらのコミュニティバンクは市場経済のなかでの活動を基本としているものの、政策・制度や慣行によっても支えられている。自由化による競争促進とコミュニティバンクを維持する政策との整合性の視点が重要である。

4 多種多様なメインストリートの金融機関

(1) 金融機関の種類

それではメインストリートには具体的にどのような金融機関が存在するのだろうか。コミュニティバンクの他に、貯蓄金融機関、クレジットユニオン（CU）、地域開発金融機関（CDFI）がある（図表2－2）。免許には国法（連邦法）と州法があり、金融機関は自由に選べる。これは二元制度と呼ばれ、アメリカ金融システムを形成する大きな特徴の一つである。

まずはコミュニティバンクをみてみよう。実はその呼び名は、連結総資産10億ドル未満の銀行の通称であって、法的には他の銀行と同じ範疇にある（近年の調査・研究などでは100億ドル未満をコミュニティバンクと分類する場合もある）。コミュニティバンクは株式会社であるが、多くは非上場で、地域に密着した経営をしているため、大規模・中規模銀行とは区別され、あるいは愛着をもってコミュニティバンクと呼ばれる。コミュニティバンクなどの経営指標については図表2－3を参照されたい。

貯蓄金融機関は貯蓄貸付組合（S&L）と貯蓄銀行（SB）からなり、株式会社組織と相互組

図表２－２　金融機関の概況（2016年末）

	合計数（a）	合計資産（b）億ドル	1機関あたりの規模（b/a）百万ドル
全商業銀行	5,113	156,290	3,057
100億ドル以上	98	131,057	133,732
10～100億ドル	506	14,448	2,855
10億ドル未満	4,509	10,786	239
貯蓄金融機関	800	11,512	1,439
10億ドル以上	131	9,643	7,361
10億ドル未満	669	1,867	279
クレジットユニオン（CU）	5,906	13,090	222
10億ドル以上	275	7,970	2,898
10億ドル未満	5,631	5,120	91
地域開発金融機関（CDFI）	495	294	59

注：地域開発金融機関のデータのみ、2008年末のものである。
出所：各種資料から筆者作成。

図表２－３　銀行の資産規模別の経営指標（％）

	年	1億ドル未満	1～10億ドル	10～100億ドル	100億ドル以上	
					100～2500億ドル	2500億ドル以上
利ざや	2006	4.1	4.0	3.7	3.1	
	2016	3.7	3.7	3.6	3.5	2.7
総資産利益率（ROA）	2006	0.9	1.2	1.2	1.3	
	2016	0.9	1.1	1.1	1.1	1.0
貸倒引当金	2006	1.3	1.2	1.2	1.0	
	2016	1.4	1.3	1.2	1.4	1.3
コア自己資本	2006	13.0	10.0	9.4	7.7	
	2016	12.6	11.0	10.5	10.2	8.6

注：貯蓄金融機関を含む。
出所：FDIC, Quarterly Banking Profile から抜粋。

織が存在する。伝統的に住宅ローンを中心に扱ってきたが、1980年代の危機と業務範囲規制の緩和に、銀行の住宅ローンへの進出もあいまって、銀行との同質化がとくに株式会社組織で進んだ。2016年末に、貯蓄金融機関数の全体の39％は、事業向貸出を中心としている。

CUは加入した組合員の金融相互扶助で、組合員から資金を預かり組合員へ貸出をする、協同組織金融機関である。法人税が免除されるものの、業務範囲は法律で銀行より制限され、預貸業務が中心である。貸出では自動車ローンと住宅ローンが主である。しかし、1998年に組合員向けの事業向貸出も総資産額の12・25％の範囲で認められ、2017年1月からは全米クレジットユニオン管理庁（NCUA）がこの規制を緩和した。これまでの貸出範囲の制限などを定める「ルールベース」のアプローチから、CUが尊重すべき重要ないくつかの原則や規範を示したうえで、CUの自主的な運営に任せる「プリンシパルベース」のアプローチへ変更された（その影響や銀行業界の対応は第6章3節を参照）。

CUは以下で述べる職域などのコモン・ボンド（共通の絆）に基づいて設立される必要がある。その組合数の分布は職域26・8％、業界団体・職業団体・労働組合・協会などの団体7・8％、（複数の職域や団体が一つのグループになった）複合29・0％、地域36・5％である（2016年末）。営業地域に制限はないが、コモン・ボンドのとり方で決まる側面はある。

最後のＣＤＦＩは、財務省のファンドから資金・技術面で援助を受け、貧困な地域社会の開発を主たる使命とし、当該地域への資金供与に加えて開発に必要な用役を提供する金融機関であり、２０１７年３月末に３８１存在する。市場論理とは異なるところに位置する非営利の金融機関で、資金提供はもちろんのこと、テクニカルアシスタンス（ＴＡ）と呼ばれる技術指導などに力点を置くという特徴がある（わが国ＮＰＯバンクのモデルの一つである）。ＣＤＦＩには事業会社を中心に扱うものから、地方だけを対象とするものや、難民を専門とするものまであり、多様なアメリカ社会を反映していて興味深い。

事例

難民支援を専門とする金融機関――オープニング・ドワーズ

カリフォルニア州サクラメント市のオープニング・ドワーズは、難民支援を専門とするＣＤＦＩである。筆者が２００９年に訪問した際の第一印象は、金融機関というより、難民支援のＮＰＯであった。室内には難民支援のプログラムや寄付依頼のパンフレットが所狭しとおいてある。一方で、難民の自立手段として商売をはじめることがあり、その資金の貸付まで含めて支援することが大切になるため、金融機関である必要性が生じてくる。

ビジネス開発担当理事（２００９年当時）のアナ・ロハス女史に、難民にどのようなTAをするのか尋ねると、一例として毎朝電話をかけるという。この話をわが国の金融機関職員の前ですると、ほぼ毎回笑われる。しかし、難民のように、社会的に厳しい立場に置かれている人にとって、気にかけてくれる人がいるのは何よりも心強く、商売を継続する励みになることだろう。

大事なのは、借手の必要なことに金融機関が適切に対応できているか否かである。

(2) マイノリティ・バンク

わが国では馴染みのないマイノリティ・バンクをあわせて紹介する。アメリカにおいて少数派の人種であるマイノリティが、発行済株式の50％超を所有するなどの条件を満たした預金金融機関を、一般にマイノリティ・バンクという。２０１６年末に１５３存在し、うち41％がアジア系、18％がヒスパニック系、16％が黒人系などで、合計資産額は１３８９億ドル、一行あたり約９・１億ドルである。

事例

日系のマイノリティ・バンク

ロサンゼルス市にある日系マイノリティ・バンクを二つ、紹介しよう。

日本人街の「リトルトウキョウ」にあるパシフィック・コマース銀行は、日本語でのサービス提供もしながら、日系人コミュニティを支えてきた。上級副頭取(2008年当時)のハルオ・ツツミ氏から、日系人は熱心に預金をするが、なかなか借りないというおもしろいお話を伺った。それがゆえに貸出対象はある程度多様化せざるをえないものの、マイノリティ・バンクとしてのアイデンティティを維持していくことが大切だと述べていた。

もう一つの日系アメリカ人コミュニティ・クレジットユニオン(JACCU)は、日系人をコモン・ボンドとしている。最高経営責任者(当時)のケン・タケモト氏は、顧客をむやみに拡大せず、経営の安定を維持していくことが当クレジットユニオンにとって大切であると述べていた。

第4章　リレーションシップバンキング（地域密着型金融）

メインストリート金融の貸出の多くは、リレーションシップバンキング（リレバン）でおこなわれる。ここではその特徴を理論的・実態的に考察した後、リレバンの目的について考える。

1　リレバンでは組織規模・形態が重要だ

（1）リレバンの基本

銀行による中小企業向貸出は、経営者などに関連したソフト情報を中心とするリレバンと、信用履歴などのハード情報を中心とするトランザクションバンキング（トラバン）に大別できる（図表2－4）。中小企業向貸出とは100万ドル以下の貸出を指す（小口事業貸出というのが正確だが、慣例に従い中小企業向貸出と表記する）。連邦準備銀行などの報告によると、総資産100万ドル満のコミュニティバンクによる同貸出の平均残高は9万6千ドルで、大規模銀行では1万7千ドルである（2015年）。前者ではリレバンで、後者ではトラバンでおこなわれていると考えられる。

図表2－4　リレバンとトラバンの貸出手法の比較

	リレバン	トラバン
担い手	小規模～中規模銀行 （地域限定的）	中規模銀行～大規模銀行 （地域横断的）
重視する情報	経営者などに関するソフト情報（人柄・能力・経営判断・業界での評価・地域での風評など） マネージメントリスクを重視	信用履歴等のハード情報 ビジネスリスクを重視
経営者に関する情報	フェイス・トゥ・フェイスで入手	個人の信用履歴を活用
審査方法	面談重視 （コスト）	クレジットスコアリング （初期投資は大きいが低コスト）
融資の判断	顧客の取引店 （分散型）	ローンセンター （中央集権型）
顧客のメリット	個別ニーズへの柔軟な対応。一行取引	効率化による低金利・審査スピードの速さ。複数行取引
課　題	高コスト、ソフトな予算制約問題、ホールドアップ問題など	自由度が低い。競争激化、価格低下圧力

出所：村本孜（2005）『リレーションシップ・バンキングと金融システム』東洋経済新報社、17頁に加筆修正。

リレバンの議論に移る前に、トラバンについて整理しておく。トラバンによる貸出は、①財務諸表貸出、②資産担保貸出（ABL）、③クレジットスコアリング貸出に細分化できる。

①はその名のとおり企業の財務諸表からの情報評価に重点を置く貸出手法である。

②は利用可能な担保の質に重点を置く貸出手法で、具体的には売掛金や在庫を担保にする。なお、リレバンをおこなう際にも担保をとるのが普通であり、担保の種類は資金使途によって決まり、不動産貸出であれば不動産を担保にとり、運転資金であれば商品在庫などの動産を担保に

する。金融会社や大規模・中規模銀行が純粋に資産担保価値だけをみて貸し出すのに対し、コミュニティバンクではリレバンの補完という位置づけで担保を利用する点には注意が必要である。

③は消費者金融で用いられる手法を応用し、事業主の財務状況と経歴に重点を置き統計的分析をおこなう貸出手法である。

しかしながら、中小企業向貸出は、財務諸表などのハード情報だけでは実施が難しく、多くはソフト情報を用いるリレバンでおこなわれる。ソフト情報には、ハード情報に表れにくい、経営者の人柄・能力・経営判断・業界での評価や地域での風評などがあり、リレバンではこの情報を利用して借手と貸手の間にある情報の非対称性を低下させて貸出を実行する。こうした情報の収集は借入の申込時から開始されるのではなく、それ以前からコミュニティバンクと借手企業がお互いを認識している場合が多く、双方とも事前のリレーションシップを重視している。

ただし、リレバンにはその特性がゆえにもつ、①ソフトな予算制約（soft budget constraint）や、②ホールドアップと呼ばれる問題が存在する。

①は、融資先が経営危機に陥ったときに、銀行は追加融資を拒否できるのかという問題である。リレバンには多くのコストがかかっているため、取引先企業とのこれまでの融資全体

が赤字でも、銀行は追加融資で少しでも利益が出るのなら、損を取り戻そうとして追加融資をすることなどが起こりうる。しかし、安易な追加融資は企業のモラルハザードを誘発しうるので、対策としては追加融資の実行に際してより多くの担保を徴求するなどが考えられる。

②は、取引先企業は銀行に情報を占有されるため、他の資金調達機会を逃したり、借入を躊躇したりするといった問題である。この問題を軽減するには、複数行取引にすることが考えられるが、一方でリレーションシップの形成・維持を難しくしてしまうため、解決の難しい問題である。

(2) ソフト情報と組織・融資担当者

次に、なぜリレバンはコミュニティバンクでおこなわれるのかを考える必要あるだろう。それを解く鍵は、ソフト情報と銀行の組織・融資担当者（ローンオフィサー）との関係にあり、コントラクティング問題と呼ばれ、2つの問題がある。

一つめの、ソフト情報の取り扱いの問題については以下のように生ずる。ソフト情報は融資担当者に集積され、定量情報のように数値化して組織内に伝達・還元するのが難しい。融資権限が現場でなく本部にある場合、銀行の規模が大きく階層が多いほど、伝達の段階が多くなりソフト情報の質が劣化しやすくなるため、リレバンの実施が困難になる。したがって、小規模な組織で運営するか、さもなければ融資担当者へ融資権限を委譲しながら組織として管理することが必要になる。また、ソフト情報の性格から、融資担当者などの交替の頻度も重要である。さまざまな調査や筆者のインタビューによると、交替の頻度は、中小企業が取引でもっとも重視する事柄の一つである。

大規模・中規模銀行は官僚主義的で余分な階層をもつため、中小企業向貸出には不向きといわれる。同貸出にはコミュニティバンクの方が向いているが、中規模銀行でも意思決定が機能的に分散されれば対応しうる可能性はある。筆者のインタビューの経験からは、ソフト情報の伝達が可能な組織とは、すべての行員同士が顔見知りである程度の規模と考えられるし、それに近い状態を実現できる組織形態と捉えられる。

二つめの、利害関係者の問題については、これを構成する従業員、経営者、株主、債権者、規制当局者などの間の利害が一致しないことから、リレバンの実施が難しくなることがある（図表2－5）。たとえば経営陣が融資権限とソフト情報の両方をもっていても、株主がリレバンを実施する理由を理解できなければ問題が生じうる。利害関係者についても、大規模で複雑な組織ほど関係者が多く利害が複雑になり問題が生じやすくなる。

コミュニティバンクがリレバンをおこなうのは、こうした問題を抑制しうる要件（小規模であることや非上場であることなど）を備えているからである。同時に、コミュニティバンクでは経

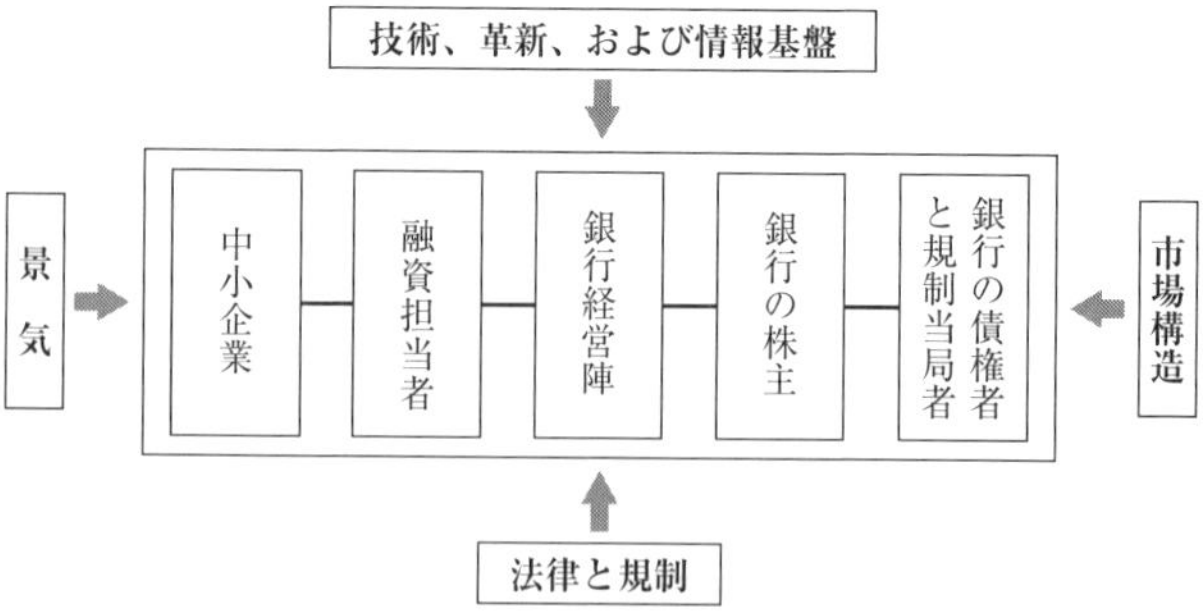

図表２－５　リレバンに影響を与える要因

出所：A.N. Berger, and G.F. Udell (2002) "Small Business Credit Availability and Relationship Lending: The Importance of Bank Organizational Structure," Economic Journal, Vol. 112.

営陣が融資担当者などの行動や個別取引を把握しうる組織規模・形態である場合が多く、ソフトな予算制約問題の追加融資でも担当者の管理として機能しうる。また、特定地域で活動するコミュニティバンクにとって、地域の評判は大変重要であるため、ホールドアップ問題の弊害を軽減しうる。

一方、中規模銀行でリレバンをおこなう場合は、支店への権限委譲を明確にすることが多く、外的にわかりやすいように子会社として運営するケースもある。中規模銀行では、コミュニティバンクにはない、全体としての規模を活かしうる反面、組織が重層的になり、また銀行と株主の間での利害調整が煩雑になる傾向がある。もちろん、小規模銀行には、大口の資金需要に応えにくいとか、展開地域が偏っているなど、小規模銀行であるがゆえの限界もある。

2　リレバンには「犬型」と「猫型」がある

アメリカのリレバンは、先のような諸条件のもとに成り立っているが、金融再編の具体的な場面で考えてみたい（図表２－６）。

銀行の統廃合の理由には、景気の低迷、競争による経営不振、見込み収益の低下、経営効率化（持株会社傘下の銀行の統合）などから、売却益の獲得まである。どの要因がより強く働くかは一概にいえないが、いずれにしても集約が進みすぎると不便が起きてコミュニティバンクが設立される余地が生じうる。アメリカでコミュニティバンクの新設が多い理由の一つはここにある。

もう少し具体的にいえば、リレバンでは数値化や伝達が難しいソフト情報を利用するため、その実施は大規模・中規模銀行には不向きである。リ

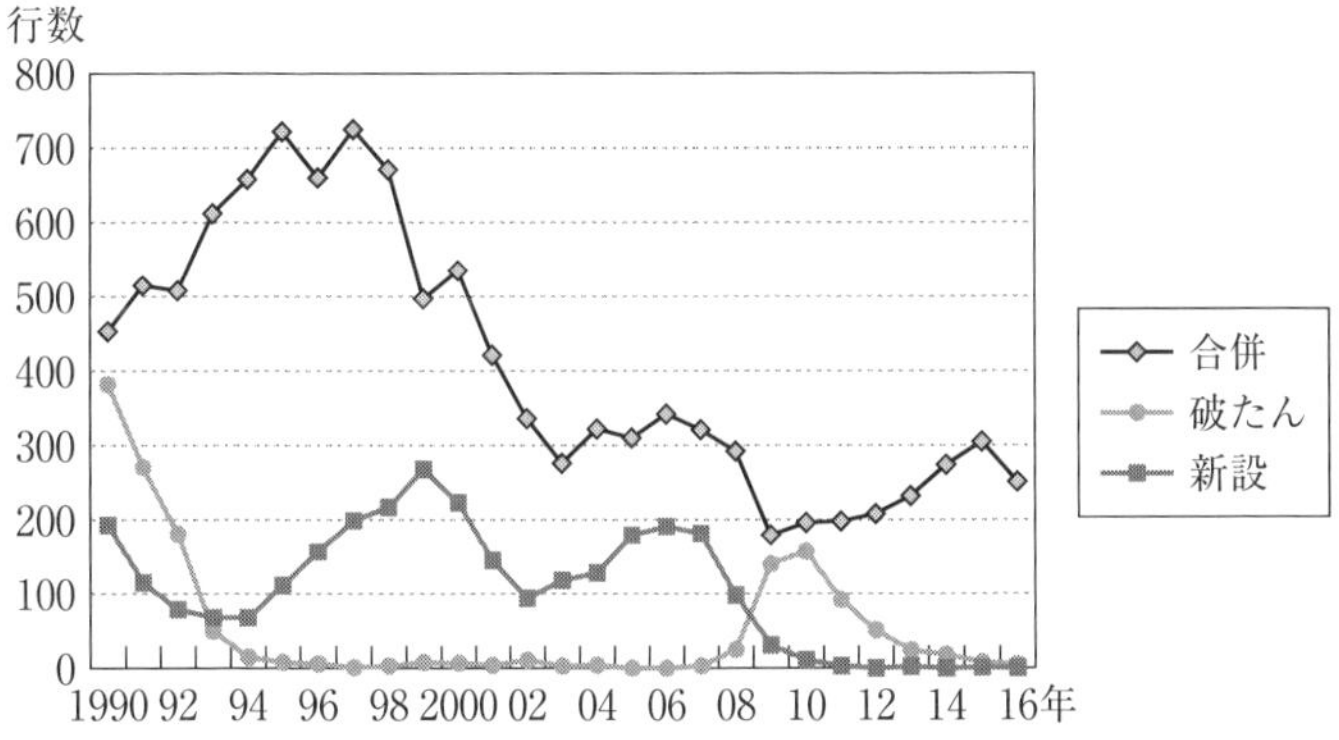

図表２－６　全銀行の合併・破たん・新設の推移

注：貯蓄金融機関を含む。
出所：FDIC, Quarterly Banking Profile から作成。

レバンを望んでいる顧客の取引が、コミュニティバンクが買収されて大規模・中規模銀行に移ると、そのニーズが満たされにくくなり、リレバンを望む取引を、既存のコミュニティバンクに加えて新設のそれが取り込んでいく。また、新設行が短期間にリレーションシップを形成できるのは、企業のソフト情報をもつ（あるいはソフト情報を獲得できる能力をもつ）被買収行の融資担当者などが、リレバンをおこなうために、買収行から新設行に移籍するからである。

アメリカのリレバンは、契約上はコミュニティバンクと取引先企業という組織でおこなわれるが、実態上は融資担当者と企業経営者という人的関係・取引のなかにある。それがゆえに一行取引が多い。こうしたリレバンでは顧客は融資担当者（人）につくので「犬型」といわれることがある。

金融危機後に新設行が激減した理由について、連邦準備銀行などの報告から補足しておく。低金利にともない減少した収益、そして2010年のドッド＝フランク・ウォールストリート改革および消費者保護法で増大した規制への対応にかかる、莫大な費用が原因であると、多くの銀行家が主張している。資産1億ドル未満のコミュニティバンクでは、法令順守費用が非金利経費の8・7％を占める。既述の財務省報告では、中堅行以下の負担軽減を提案している。また、規制や法令順守の運営管理を、ITを用いて効率的におこなうレグテック（規制・regulation と技術・technology からなる造語）の進展にも注意を払う必要があるだろう。

3 そもそも何のためにリレバンをおこなうのか

リレバンは有益な貸出手法だが、手段であって目的ではない。リレバンを通じて達成すべき目的とは何であろうか。さまざまなものが考えられるが、同じ地域や環境にある人々の伝統・文化・慣習などの価値観を維持していくことにも求められるだろう。

メインストリートの価値観の共有や他との差別化の範囲や程度は、メインストリートの捉え方にもよるが、市場論理を前面に押し出すウォールストリートを対極に置くと、これとは異なる価値観がメインストリートにあるのが理解できるだろう。ウォールストリートとの差別化が可能な社会では、程度の差はあれ、相互扶助といった考え方が成り立ちうる。

たとえば信用リスクの低い企業がその信用力に比して高い金利を負担することで、信用リスクの高い企業の金利負担をカバーして、地域金融機関としてのローン・ポートフォリオでの収益性を確保していれば、地域金融機関の経営を維持しながら、信用リスクの高い企業への貸出が実現する（成城大学の村本孜名誉教授による協同組織金融機関への経済学的なアプローチを参考にしている）。また、軌道に乗った信用リスクの低い企業から、起業間もない信用リスクの高い企業への、地域金融機関を介した相互扶助といったケースも考えられるだろう。

ここで説明されねばならないのは、なぜ信用リスクの低い企業が、より金利負担の低い条件を提示する他の金融機関に、取引を移すとは限らないのかという点である。簡潔にいえば、企業が経済的メリットばかりでなく、メインストリートの維持や受けた恩恵への還元という価値観（非経済的メリット）をも重視し、当該の地域金融機関も同様の考え方をもっていると理解するからであろう（もちろん、移転コストが大きいために取引を継続するなどの要因を否定するものではない）。ほかのケースでは、預金者が高い金利の享受よりも、金融機関の資金使途に関心をもつように、金融機関を介して預金者と借入企業の間での相互扶助も考えられる。

こうした価値観の共有の基準をより緩やかに暗黙的に求めれば、その範囲はメインストリート全般に見出せる。基準をより厳格に明示的に求めれば、範囲は個別のメインストリート、あるいはさらに細分化された単位にみられるだろう。後者にはマイノリティ・バンクやソーシャルファイナンスがあてはまる。また、職域などのコモン・ボンド（共通の絆）として基準を法律で定めるものが、クレジットユニオンである。

メインストリートのもとになる、価値観の共有やメインストリートそのものの形成が時代とともに低下していることも事実かもしれないが、これらがなくなるとは考えられないし、グローバリゼーションや市場化が進展するなかで、その存在意義が明確になることもあるだろう。いやむしろ、グローバリゼーションが進展すればするほど、個々人の立ち位置を確立することがより大切になってくる。

第5章　メインストリートの金融を支える仕組み

メインストリートの金融機関は、基本的に市場経済のなかで活動しているが、政策的な枠組みに依存する部分も少なからずあり、中小企業庁（SBA）のローン保証のような顧客への対応から、衰退経済地域での金融活動支援のような金融機関への対応まである。市場万能主義とさえいわれるアメリカでも、メインストリートを支えるさまざまな仕組みがあり、その基本原理の理解は重要である。

1　地域の資金を地域に還元する地域再投資法

地域再投資法（CRA）は、コミュニティで集められた資金のすべてがマネーセンターで用いられることがないよう、銀行などに所在コミュニティの金融ニーズに応えるよう要請する法律である。その評価は貸出・投資・サービスの各項目でおこなったうえで総合的に判断する。成績が良くない場合は、当該銀行の支店開設・金融機関買収、業態の相互乗り入れなどの申請を認めない。CRAをめぐっては賛否両論あるものの、金融システムの姿を少なからず規定している点に異論はない。

ＣＲＡは１９７７年の制定当初は、融資を受けづらい低所得地域やマイノリティへの、住宅ローンの促進を実質上目的としていた。その後数回の法改正を経て、１９９５年の行政規則の改正で、評価対象に貸出以外に投資とサービスが加わった。また対象となる貸出の種類が例示され、これに住宅ローンのほか、中小企業向貸出、地域開発貸出などが含まれ、地域経済活性化や地域密着にもＣＲＡの焦点があたることになった。例示に中小企業向貸出が入ったのは、金融自由化やその後の州を越えた銀行買収・支店設置規制の緩和・撤廃による再編が、中小企業向貸出に与える影響を念頭においたものだと考えられる。

地域開発関連では、例示に加えて、金融機関による地域開発金融機関（ＣＤＦＩ）への投融資がＣＲＡの評価対象とされ、独自に地域活動をしづらい大規模銀行などからＣＤＦＩへ資金が流入している。つまり、営利の金融機関から非営利の金融機関へと資金が流れる仕組みが、法律で定められているのである。

ＣＲＡ以外でも、１９９１年の立法措置では金融機関の預金保険料の軽減を通じた、中低所得層・同地域への金融活動の誘導、１９９２年にはＳＢＡマイクロローンの創設、１９９４年の立法措置ではＣＤＦＩの活動を支援するＣＤＦＩファンドの創設がおこなわれた。ＣＲＡなどによってコミュニティでの資金循環あるいは地域開発への資金流入が生じており、こうした構図はコミュニティの維持や問題解決への対応として評価できる。

また、ＣＲＡの枠組みではないが、近年では、社会問題解決の金融手段として、個人投資家や年金基金がＮＰＯやソーシャルビジネスへの投資を通しておこなう「ソーシャルインパクト投資」や、第8章2節でふれる、ＣＤＦＩとマーケットプレース・レンダーの連携による貸出の取り組みなどが起きている。

2 法人税免除のSコーポレーション銀行

(1) Sコーポレーション銀行の仕組み

次にコミュニティバンクを直接的に支える仕組みとして機能する、法人税免除のＳコーポレーション（以下、Ｓコーポ）を考察する（Ｓは内国歳入法第一章Ｓ節に由来する）。Ｓコーポは１９５８年に一般事業法人向けに制定され、今ではもっともポピュラーな法人形態となっている。銀行には法改正を経て１９９７年に適用が認められた。

Ｓコーポは、内国歳入法第一章第Ｓ節規定の課税方法を選択した法人であり（Ｓコーポでない一般の法人はＣコーポと呼ばれ、Ｃは同法Ｃ節に由来する）、株主数や株式の種類は制限されるが連邦法人所得税のかからない株式会社である。法人段階で連邦法人所得税が免除され、株主段階で個人所得税が課せられるため、二重課税が回避される。つまり、事業活動の法的な組織

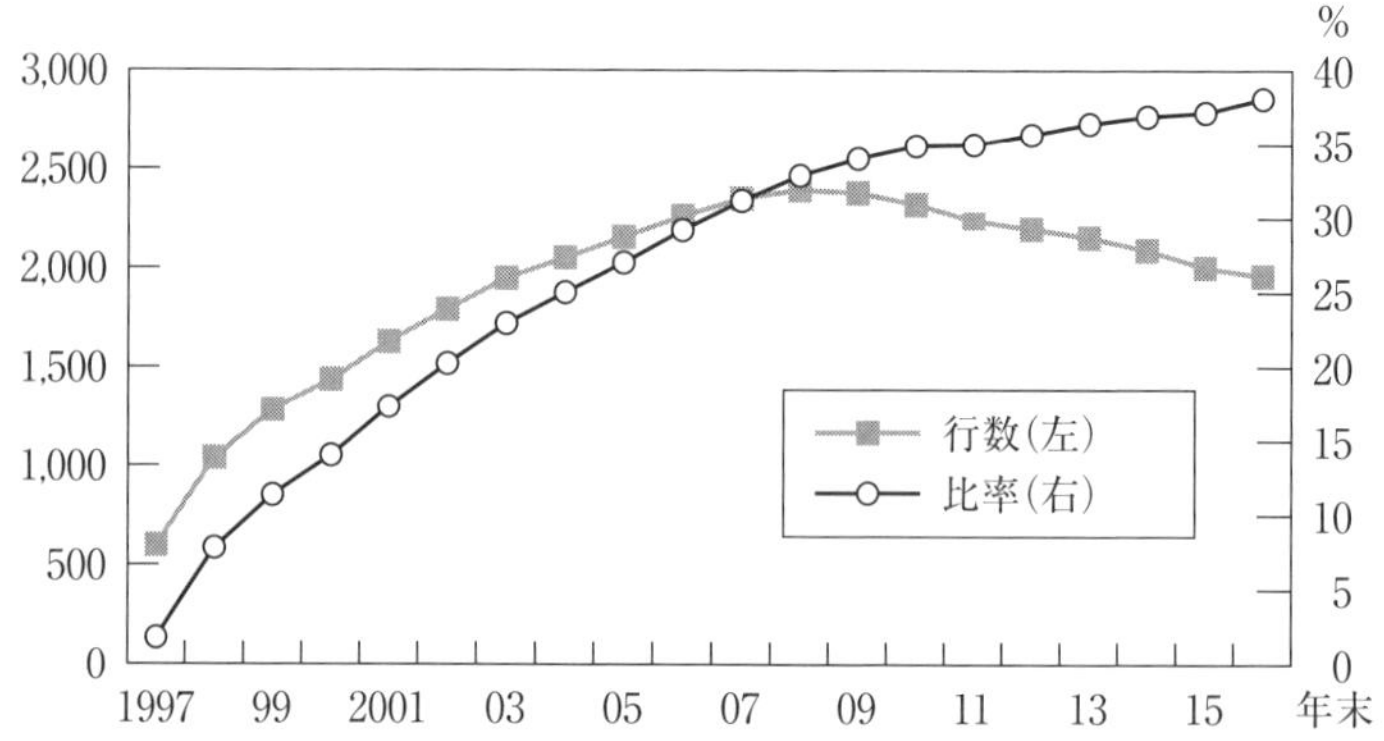

図表２－７　Ｓコーポ銀行の行数と全銀行に占める比率の推移

出所：FDIC, Institution Directoryなどから作成。

形態の選択で生ずる税負担の相違が緩和されることになる。

２０１６年末に全銀行数の38％がこの形態をとっているが（図表２－７）、その大多数はコミュニティバンクである。Ｓコーポは小規模会社の制度であり、株主数や株式種類の制限などの適用要件から資金調達が制限されるため、成長指向の銀行には向かない。

銀行の種別では、商工業向貸出を中心とする銀行（商工業銀行）が８０３行、農業貸出を中心とする銀行（農業銀行）が８１０行存在し、それぞれの内訳は全商工業銀行の30％がＳコーポ銀行で、農業銀行では57％にも及ぶ。Ｓコーポ銀行の地理的分布を、各州の全銀行数に占めるＳコーポ銀行数の比率でみると、中部・中西部・南部において全米平均を超える州が集中しているのは、これらの州に農業銀行が多いからである。

総資産利益率（ＲＯＡ）では、Ｓコーポ銀行もＣコー

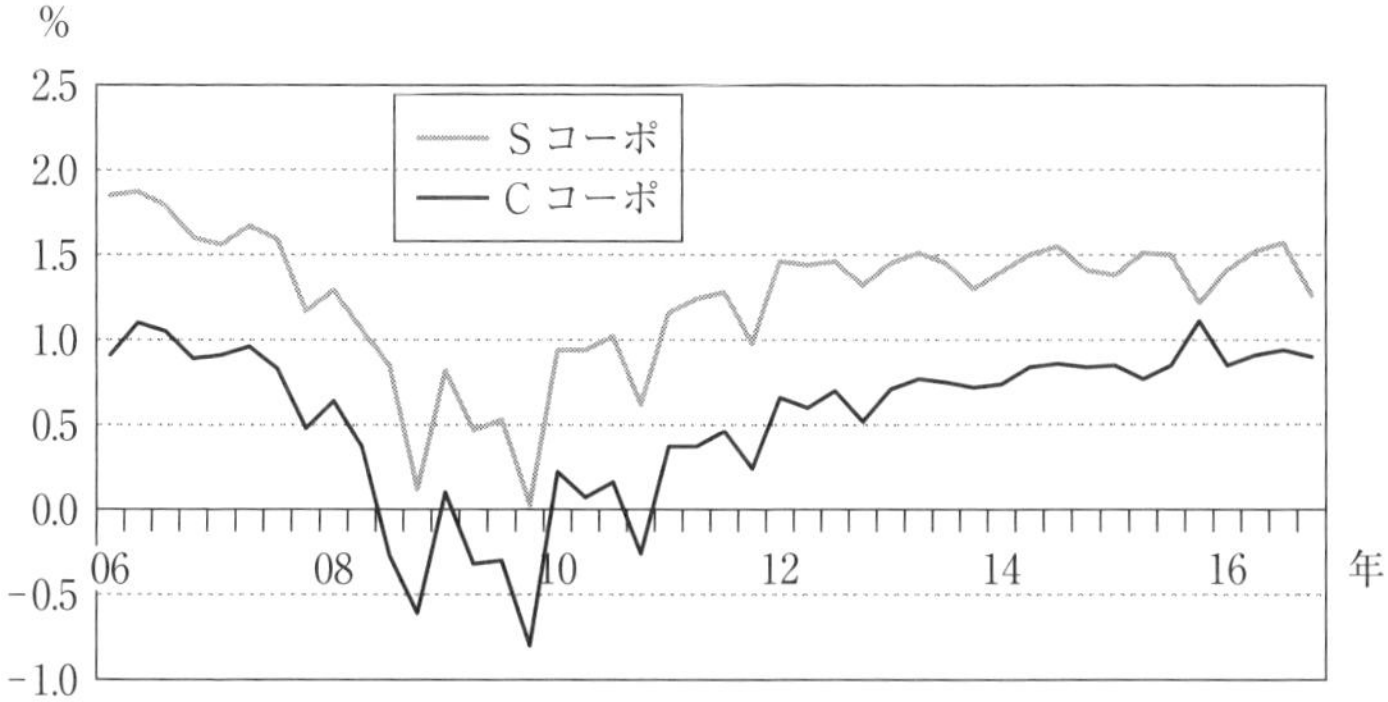

図表2－8　Sコーポ銀行とCコーポ銀行のROAの推移
注：四半期データの年率換算。貯蓄金融機関を含む。
出所：FDIC, Quarterly Banking Profile.

ポ銀行も傾向としてはほぼ同じだが、前者の方が1%程度一貫して高くなっている（図表2－8）。金融危機の影響で2008年から銀行破たんが急増し、Sコーポ銀行も例外ではなかったが、全銀行に占める破たんした銀行数の比率より、全てのSコーポ銀行に占める破たんしたSコーポ銀行数の比率の方が低い。

（2）Sコーポレーション銀行の意味

コミュニティバンクは地理的規制の緩和などからコミュニティにおける独占・寡占の利益を低下させたが、金融制度改革における一種政治的な駆け引きのなかで、法人所得税免除という新たな組織形態を得た。その存在意義について、筆者なりに地方と都市に分けて考えてみたい。

アメリカの人口は全米や州の単位では増大傾向にあるものの、郡や市の単位で捉えると、少なくない地域で減少傾向にある。Sコーポ銀行の約3分の2は地方に存在し、少なからず人口減少地域にある。こうした地域に地元銀行が存続する必要があるか否かというのが、Sコーポ銀行を考える際の論点の一つだろう。非地元銀行の支店が地元銀行と代替的なら、必ずしも地元銀行は必要ないが、現実にはそうではない場合も多い。一方で、買収されるがゆえに金融サービスが存続するケースもあるため、かつてのような参入規制に後戻りするのでなく、所得税の優遇などで地元銀行の存続余地を作る方がスマートな方法だろう。当然ながら所得税を免除するには所得が必要だから、恒常的に赤字体質の銀行までを存続させる仕組みではない。

都市には多くの銀行があるが、同時に多様な金融ニーズが存在している。リレバンの対象も、一般の中小企業から、コミュニティビジネスや民族性の強い企業までさまざまである。Sコーポ銀行の仕組みが、Cコーポ銀行では難しいような取引を可能にしたり、また銀行新設を促したりする側面もあるようだ。

3 ウォルマートの銀行業参入はなぜ実現しないのか

2000年代後半に、世界最大の総合スーパーであるウォルマート・ストアーズなどの、異業種による銀行業参入への是非が大きな問題になった。これまで述べてきた、金融業内のウォールストリートとメインストリートという構図とはまったく同じではないが、巨大資本と地元資本という点では同じ構図であり、メインストリートを理解する興味深い一面である。

1999年のグラム・リーチ・ブライリー法（GLB法）で、銀行と一般事業会社の結合が禁じられたが、ユタ州などにある銀行類似の勤労者貸付会社はこの例外であった。ウォルマートは2005年にユタ州で勤労者貸付会社の設立によって銀行業に参入しようとした。これは1999年の別形態での参入申請以来、四度目の試みであった。

ウォルマートの試みが大きな議論を呼んだのは、同社が全米に3900を超える店舗を有する巨大総合スーパーで、銀行業に参入すれば、とくにコミュニティバンクとの競合が懸念されるからである。単純な比較だが、5836の本支店網をもつバンク・オブ・アメリカを除けば、ウォルマートの店舗数を超える本支店数を抱える銀行はない（2006年末）。ウォルマートの計画は顧客のデビットカード利用にともなって、同社が銀行へ支払う手数料の節約を目的とした決済業務が中心であり、また仮に望んだとしても全米への支店展開は法律上難しい。しかし、反発は銀行業界に留まらず消費者団体や地域団体、そしてユタ州議会での勤労者貸付会社の法改正案が審議されるに及び、2007年にウォルマートは申請を取り下げた。ウォルマートはその後、アメリカン・エキスプレスと提携して、利用者決済口座を作り、あらかじめ入金したお金を使って買い物ができるサービスを開始した（『日本経済新聞』2012

年10月9日夕刊)。

このようにウォルマートの参入が大きな問題になるのは、その費用がメインストリートの金融システム全般に及ぶのに対し、効果は個別企業に帰属するという図式が広く受け入れられるからである。一方で、ウォルマートが、銀行サービスを受けられない顧客への口座提供なども掲げ、銀行業界の未充足地を突いたように、異業種の参入規制の論議が、メインストリートの利益擁護に終始すれば事態は変化しうる。金融技術の進展などの環境変化のなかで、地理的規制が緩和・撤廃されたのに対し、異業種参入において市場論理とは異なる参入規制を維持していくことの意味が、コミュニティや顧客の要請と乖離していないことがいっそう重要である。

２０１７年に入り、フィンテック企業のソーシャルファイナンス(SoFi)やスクエアが、勤労者貸付会社の設立を目指して当局に申請をおこなっており、議論が再燃する可能性がある。

第6章　対立を深める銀行とクレジットユニオン（信用組合）

1　なぜ対立するのか

（1）対立の構図

メインストリートの金融内をみると、対ウォールストリートという点では各種金融機関の利害が一致することが多いが、常に一枚岩かといえばそうではない。コミュニティバンクとクレジットユニオン（CU）は1990年代後半から対立を深めている。

CUはコモン・ボンドに基づいて形成され、かつては職域などが主流だったものの、近年では地域をコモン・ボンドとするCUが増大し（83頁を参照）、活動領域において銀行とくにコミュニティバンクとの競合が生じている。また、CUは貸出では自動車ローンと住宅ローンが中心だが、1998年にCUに組合員向けの事業向貸出が認められるなど、業務面においても競合が生じている。コミュニティバンクからすると、CUは法人税を免除されたまま、コミュニティバンクの領域や業務に参入してくるのはおかしいということになり、州レベルでは州法CUに課税しようとする法案が提出されることも珍しくない。全米クレジットユニオン協会（CUNA）は、法人税免除は組合員に還元されるもので、Sコーポレーション銀行における株主優遇の法人税免除とはまったく異なると、銀行業界への警戒心をあらわにしている。

メインストリート金融内の対立はウォールストリート金融との対比で考えるとき、メインストリート対ウォールストリートの構図の一部であり、前者の多様性とも理解できるが、CUとコミュニティバンクとの対立の論点や背景を考察することで、金融環境が変化するなかでのメインストリートの金融機関とくにCUの役割や課題を再考したい。

対立は断片的に伝えられることが多いが、ここではCUNAがウェブサイトで公開している資料『クレジットユニオンと銀行――誤信、事実、および最近の傾向　2014年末』を用いながら、その論点について検証していく。以下、次節ではCUNAの資料の概略を紹介し、3節でその論点を検証していく。なお、銀行業界の対応については、アメリカ銀行協会（ABA）やアメリカ独立コミュニティバンカーズ協会（ICBA）のウェブサイトなどを参照されたい。

(2) CUのガバナンス

ガバナンス関連について、CUには銀行とは異なる独自の仕組みが存在するため、議論の前に簡単に補足しておく（以下、連邦法に基づく）。

①理事は組合員から選出され、ボランティアで職務をおこなう。多くの場合は業務執行を最高経営責任者（CEO）などに委任するが、CEOなどは理事会構成員でなく、意思決定機関と業務執行機関が分離されている。

②総会での理事選挙では、候補者は指名委員会による指名のほか、組合員による立候補・推薦も可能で、投票方式は総会での投開票のほか、電子的方法などによる事前投票・総会での開票も認められる。議決権は出資（預金）の多寡に関係なく一人一票で、委任投票はできない。

このように、従業員以外の組合員がCUの運営へ参画するさまざまな仕組みがある。

2 クレジットユニオンの主張

以下、本節の終わりまでは、筆者による要約であり、（　）内の記述は筆者が付したものである。

銀行家の誤信①CUは大規模、複雑、そして積極的に拡大している。

事実（CUの主張）銀行の一行あたりの平均資産額はCUのそれのほぼ14倍で、CUの半数は総資産額25百万ドル未満である。

誤信② ＣＵは帝国主義者である。

事実 ＣＵの合計資産額は１０６年かけて１・１兆ドルに成長したが、銀行のそれは過去２年で１・１兆ドル増大した。

誤信③ ＣＵは大きな市場シェアを得つつある。

事実 金融機関の合計資産額に占めるＣＵの割合は小さく（６・７％）、20年以上ほとんど変化していない。

誤信④ ＣＵはそのミッションをないがしろにしている。

事実 ＣＵは、組合員に倹約を奨励し、とくに多くの財産をもたない組合員に、適切な手段での借入の機会を提供している。ＣＵは、ボランティアの理事会が運営し、組合員に所有され、民主的に運営される、非営利の金融機関である。

誤信⑤ ＣＵは利益を組合員に還元していない。

事実 組合員を重視する協同組合の構造によって、ＣＵは、税免除による財務省の収入減を大幅に上回る利益を、直接・間接に組合員と非組合員に与えている。

誤信⑥公衆はＣＵを銀行と区別していない。

事実さまざまな調査で、組合員はＣＵをより信頼しており、またＣＵが特別な組合員向けサービスを提供していると考えている。

誤信⑦ＣＵは銀行の競争環境を厳しくしている。

事実１９８６年以降、合計４５００以上の銀行が新設されている。

誤信⑧ＣＵは税収を減らしている。

事実Ｓコーポレーション銀行の株主優遇税制こそが、大幅な税収減をもたらしている。

誤信⑨事業向貸出はＣＵを銀行と同質化している。

事実ＣＵ数の36％は同貸出を提供しているが、それはＣＵの全貸出額の７％に過ぎない。

誤信⑩貯蓄銀行の税免除廃止と同様に、ＣＵのそれも廃止すべきである。

事実相互貯蓄銀行の税免除が廃止されたのは、民主的な組織運営が機能せず、相互性を失ったからである。

3 クレジットユニオンの構造変化を踏まえた議論が重要だ

ＣＵと銀行との比較は有意義だが、ＣＵ業界自体の構造変化をみると、大規模化と二極化が確実に進んでいる。ＣＵの合計資産額は２０１４年に至る10年間で４７６６億ドル増え、約１・７倍になった（図表２－９）。資産１億ドル以上のＣＵ数が全体数に占める割合は24％である一方、その総資産額が全体のそれに占める割合は90％に及ぶ。これらは、地域と複合をコモン・ボンドとするＣＵの増大によるところが大きい。

事業向貸出については、ＣＵの規模が大きくなるに従い、貸出額も大きくなる傾向はあるが、ＣＵの同貸出の総貸出に占める割合は大きくない。しかしながら、第3章4節で言及したように、２０１７年に事業向貸出が緩和されたため、今後大規模なＣＵが貸出を増やす可能性はある。ＩＣＢＡはこの行政執行の差し止めに動いている。

ＣＵの大規模化にともない、ＣＵの特徴であった、ボランティア従業員の全従業員に占める割合が年々低下しており、２００９年からはデータの公表がなくなった。また、資産百万ドルあたりの従業員数や組合員数千人あたりの従業員数は、規模の大きいＣＵほど低くなる。筆者のＣＵでのインタビューで、ＣＵと銀行の違いの一例として、組合員が資金を借りられないときに、ただ説明をして終わるのではなく、どのようにしたら借りられるのか相談にの

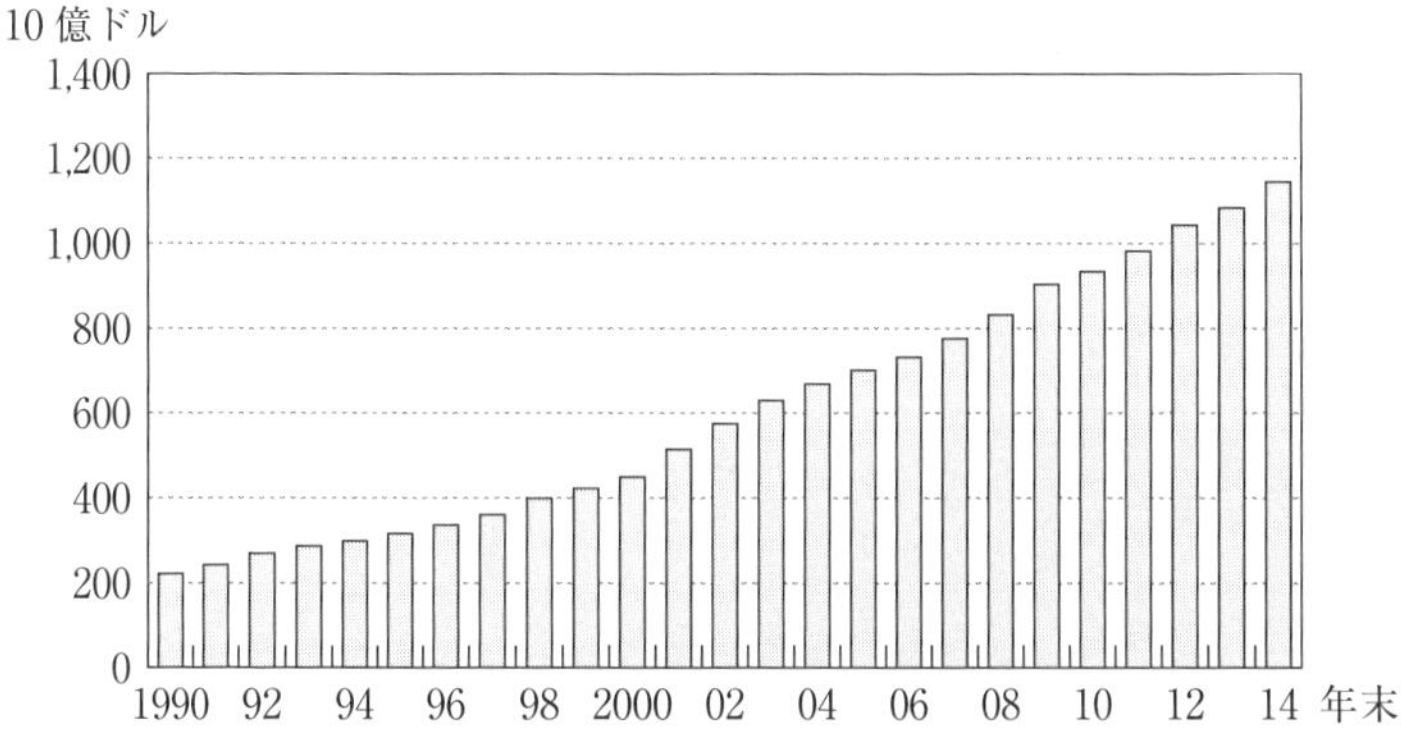

図表２－９　CUの合計資産額の推移

出所：CUNA, Credit Union Report.

るのが組合員のメリットだと聞いたことがある。情報技術による代替部分もあるだろうが、大規模化のなかで適切な人員配置になっているだろうか。

そして、ＣＵは、民主的な運営を銀行との違いや税免除適用の大きな理由としてあげているが、ＣＵ業界の構造変化が起こっているなかで、従来と同じやり方をしているだけで、拠り所の民主的な運営が同じように維持されるのかについてはさらなる説明や検証が必要だろう。

第7章　メインストリートにも及んだリーマンショック

ウォールストリートの住宅バブルとその崩壊の過程で、メインストリートの銀行であるコミュニティバンク（総資産10億ドル未満）にも、このバブルに便乗して商業用不動産貸出に過度に傾斜し、破たんしたものが少なからずある。破たん原因を、破たんしていないコミュニティバンクの行動と比較しながら明らかにする。なお、以下で銀行やコミュニティバンクという場合、貯蓄金融機関を含んでいる。

1　銀行破たんを「可能にしたもの」は何か

２００８〜２０１２年にアメリカでは４６５の銀行が破たんした。そのうち86％がコミュニティバンクである。ここでは金融危機直後の２００８年から破たんが急増した２０１０年までの3年間に着目し、この期間に破たんした２６６のコミュニティバンクについてその原因を考察する。結論からいうと、破たんしたコミュニティバンクの典型は、建設・土地開発貸出にのめり込んだものである（図表２－10）。ホームエクイティ・ローン（住宅価格の値上がり分を担保とした消費者ローン）などを通じた過剰消費によって、ショッピングモールが多く建設

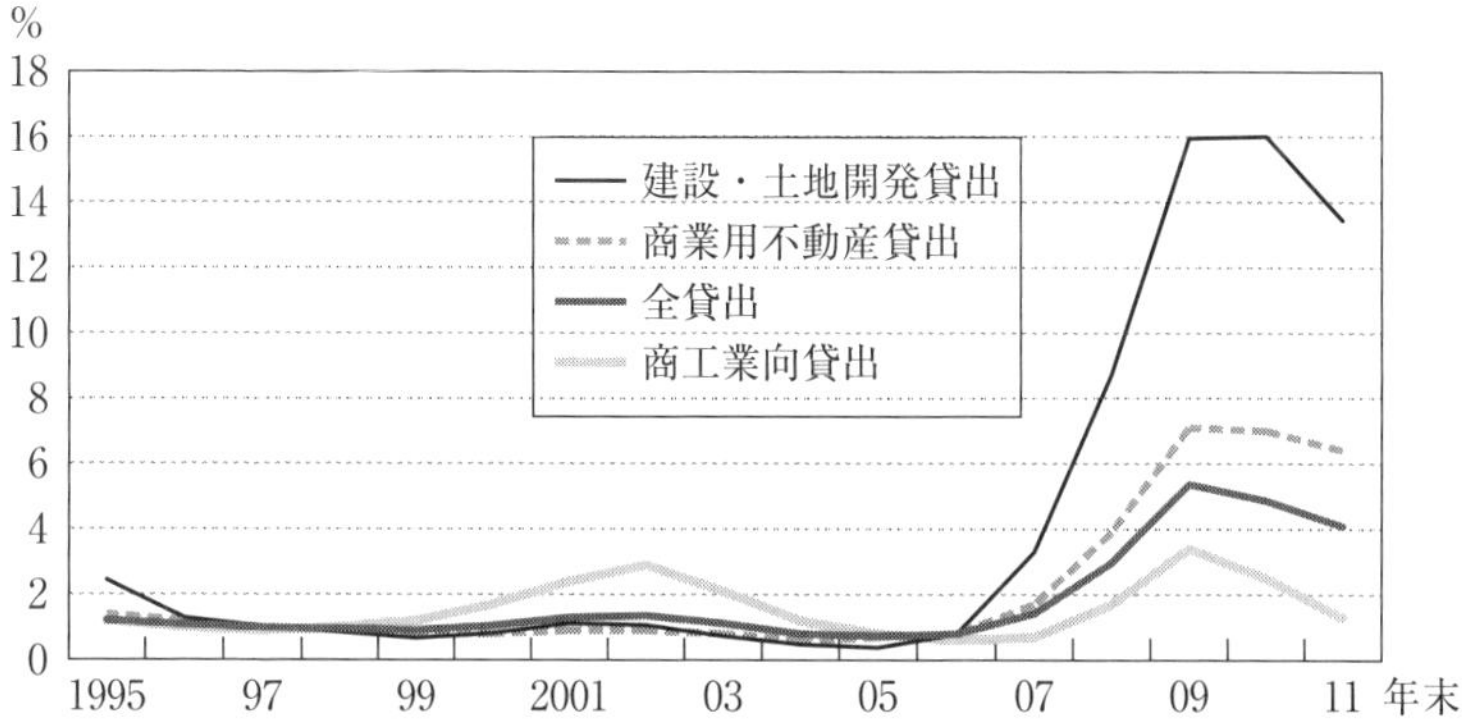

図表２－10　不良債権比率の推移（全銀行）

出所：FDIC, Quarterly Banking Profile から作成。

された。なかにはこの信用膨張に便乗するために設立されたコミュニティバンクさえあり、新設行の破たん数が全破たん数に占める割合が約30％と高い理由の一つになっている。

商業用不動産貸出には、建設・土地開発貸出のほかに、オフィスビルなどの商業用不動産担保貸出、ホテルやアパートなどの集合住宅向貸出がある。破たんしたコミュニティバンクでは、各貸出が総資産に占める比率が、全コミュニティバンクのそれと比べて、すべての貸出で上回っており、建設・土地開発貸出でその傾向が顕著である（図表２―11）。

こうした積極的な貸出を背景として、破たんしたコミュニティバンクは急速に成長していた。全コミュニティバンクの年間平均成長率（２００２～２０１０年）の１・８％に対し、破たんしたコミュニティバンクのそれ（２００２～破たん前年）は26・4％に及んでいる。また、

図表２－11　商業用不動産貸出の「2007年末時点での」比率

	商業用不動産	建設・土地開発	商業用不動産担保	集合住宅向
全コミュニティバンク平均	30.4%	10.6%	17.8%	2.0%
2008～10年に破綻したコミュニティバンク平均	47.4%	24.9%	19.7%	2.8%

注：比率は対総資産。すべて2007年末のデータ。
出所：FDIC各種資料から作成。

破たんしたコミュニティバンクは一店舗あたりの資産額が大きいという特徴がみられ、全コミュニティバンクの倍近い。成長率とあわせて考えると、破たんしたコミュニティバンクは、営業の地理的範囲や取引先は一定のまま過剰に、あるいは地の利のない範囲や取引先に安易に、貸出を増やしていた。

そして、こうした貸出を可能にしたのが、ブローカー預金という特殊な預金である。これは、銀行が預金者から預金を直接集めるのでなく、ブローカーによって銀行に仲介される預金である。実態としては、投資銀行や独立のブローカーなどが、顧客の資産を連邦預金保険の付保上限額ごとに切り分け、高い金利をつけてコミュニティバンクなどに仲介してきた。ブローカーには手数料が入り、顧客は資産を高い金利の付いた付保預金に移し替えられる。資金調達が難しいコミュニティバンクなどにも重宝なツールであり、ブローカー預金自体が必ずしも問題ではないが、コミュニティバンクは景気過熱時に、ハイリスク・ハイリターンな貸出を積極的におこなうため、ブローカー預金を多額に取り入れるという「逆転現象」に陥りやすい。総預金額に占めるブローカー預金額の比率は、全コミュニティバンクの4・9％に対し、破たんしたコミュニティバンクでは14・4％に及んでいた（2007年末）。

事例 サブプライムローンの震源地——ストックトン市

2009年にNHK『BS世界のドキュメンタリー』で「差し押さえの町で——サブプライムローンの悲鳴」として放送された、カリフォルニア州ストックトン市は、サンフランシスコから車で2時間の距離にある中規模都市だ。「人口28万、住民の40％がヒスパニック系というストックトン。アメリカン・ドリームを信じ、中流階層になることを夢見て、多くの人がここに住まいを求めた。多くの人がサブプライムローンでお金を借り、家を手に入れた。そして返済がいきづまる（同番組）」。「サブプライムローンの震源地」と呼ばれることもあるこの地を、筆者は2009年に訪問した。地元の老舗銀行のインタビュー後に郊外を訪ねた。驚いたのは住宅売却の貼り紙ではなく、あまりに大きくて全体像が把握できないショッピングモール。建物は何キロメートルにも及んでいる。人口30万人にはあまりに不釣り合い。今はほとんどの店は閉まっている。誰か止める者はいなかったのか……。

2 危機後の中小企業向貸出をどう捉えるべきか

(1) 中小企業向貸出の状況

全米独立企業連盟（NFIB）がおこなった、金融危機後の中小企業の状況についてのアンケート調査（2010年）によれば、中小企業の最大の課題は、将来の不確実性と販売不振にあるが、資金調達も重要な課題の一つである。中小企業向貸出（商工業向貸出・C&Iと商業用不動産貸出）の全体の残高をみると（図表2－12）、金融危機後に減少しているものの、2008年央のピーク時の残高は（統計のとれる）2002年央の残高を33％も上回り、2012年央の残高でも2002年央のそれを10％上回っている。このような中小企業向貸出の急増には、ウォールストリートによる信用膨張と景気過熱に便乗して生じた部分も少なからずあり、ピーク時の残高を起点として、そのあるべき姿を考えるべきではない。

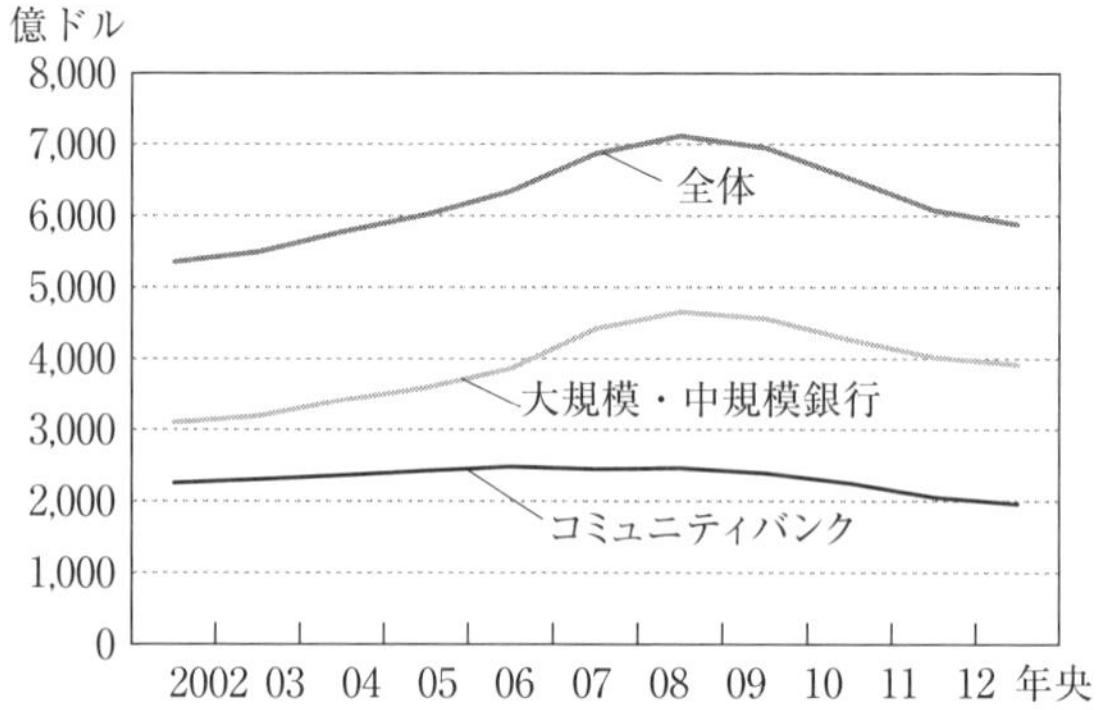

図表2－12　中小企業向貸出（C&Iと商業用不動産貸出）
出所：FDIC, Statistics on Banking から作成。

一方で、銀行の資産規模別に同様の比率をとると、大規模・中規模銀行で順に50％増と27％増、コミュニティバンクで9％増と13％減となっており、後者については適切な対応が必要な状態にある。

(2) 貸出手法

大規模・中規模銀行はクレジットスコアリングなどのトランザクションバンキング（トラバン）の活用により中小企業向貸出を増大させてきたが、金融危機後はその反動から減らしている。こうしたなかで、トラバンによる貸出はハード情報に基づくもので、借入を断られた企業は、ソフト情報による貸出であるリレバンへの移行が難しいのではないか、といった懸念が示されてきた。トラバンはハード情報に依存するため、それが悪化すれば貸出がおこないにくくなる取引であり、悪化したのなら当然一定の困難はともなうだろう。

また、コミュニティバンクはリレーションシップバンキング（リレバン）を基本としているため、コミュニティバンクの破たんや資本不足などで借入を断られた企業は、トラバンへの移行が難しく、他のコミュニティバンクと新たなリレーションシップを形成せねばならず、借入がしにくいのではないか、という懸念が示されてきた。破たんしたコミュニティバンクについていえば、多くはリスキーな貸出をそのコントロールが不十分なままに積極的におこなってきた。つまり、ブローカー預金と不動産担保に過度に依存し、リレバンというよりは、不十分な管理能力のままトラバン的な預金・貸出に傾いたきらいがある。一店舗あたりの資産額が大きいこと（資産額に対して店舗数が少ないこと）からもこの点が伺える。このような破たんしたコミュニティバンクから安易に借入をし、信用膨張と景気過熱に便乗してハイリスク・ハイリターンな事業を展開してきた企業は議論の対象外だろう。

一方で、トラバンであってもリレバンであっても、コミュニティに根差した企業であり、取引ができなくなった理由が銀行サイドにあるのなら、別のコミュニティバンクと新規の取引をおこなうのは不可能ではないと考えられるし、筆者の金融危機後に3度にわたって実施した約30の金融機関などへのインタビューからも確認できる。同時に、過度にリスクをとったのではなく、景気後退によって資本不足に陥っているコミュニティバンクについては、資本注入などで、取引が継続されるような対策が必要になってくる。

（3）政策的対応

アメリカ財務省では、まず不良資産救済プログラム（ＴＡＲＰ）の資本注入プログラム（ＣＰＰ）によって、２００8年10月から２００9年末までに累計７０７の銀行に資本を注入した。コミュニティバンクへの資本注入は、大手金融機関におけるリスクの拡散防止と救済を目的としたものとは異なり、景気後退によって資本不足に陥ったものへの対応と考えられる。

CPPは2009年末に終了したが、2010年9月にはTARPから300億ドルを分離して設立された「中小企業向貸出基金（SBLF）」によって、中小企業向貸出の増額を目的に、総資産100億ドル以下の中小規模銀行に資本注入が可能となった。933の金融機関による118億ドルの申請のうち、332の金融機関に40億ドルを注入した。CPPでは資本注入行に資金を貸出に向ける義務はないが、SBLFでは中小企業向貸出を促すため、その増加に応じて配当の負担が軽減される仕組みになっている。財務省によると、SBLF参加銀行は2012年6月末の時点で平均して事業向貸出を27・4%増加させた。

3 リーマンショックのような百年に一度の金融危機でもほとんどの銀行は破たんしていない

これまでは、銀行破たんや中小企業向貸出の減少などのいわば負の側面を通じて、金融危機後のメインストリートを分析してきたが、最後に正の側面から考察してみたい。

金融危機後のメインストリートが何の政策もなく自律的に回復できる局面でなかったことは事実だが、一方で金融危機の影響は全米のすべての銀行で一律に起こったわけではない。コミュニティバンクをみると、2008〜2010年までに13州で破たんは生じておらず、266の破たんの51%はジョージア、フロリダ、イリノイ、カリフォルニアの4つの州で起きている。個別のコミュニティバンクでみても、破たんはブローカー預金と（や）リスキーな商業用不動産貸出に依存したものに多い。換言すれば、多くのコミュニティバンクはこれらとは別の次元で活動している。破たんした銀行数の増大を取り上げるばかりでなく、百年に一度の金融危機をもたらす信用膨張と崩壊のなかで、大多数のコミュニティバンクはこれまでと変わらない役割を果たしていたという方が、むしろ注目に値する事実ではないだろうか。少なくとも、こうした事実とセットで銀行破たんを評価しなければ真実を見誤るだろう。

資本注入を「スティグマ（烙印）」と受け止める銀行がそれなりにある一方で、筆者のインタビューなどでは、資本注入はすべての銀行が受けられる仕組みではなく、コミュニティへの貸出に継続的にコミットするため、これを前向きに捉える銀行が少なからずある。印象批評にならざるをえないが、こうした銀行は、コミュニティから他の銀行と差別化されているとの意識が強く、非常時にも機能するリレーションシップを普段から利害関係者と形成しているように理解できる。

リレバンにはコストがかかるが、非常時にも長期的観点から取引を継続するための対価を、企業は支払い、コミュニティバンクは応じている。信用膨張や景気過熱期にも、長期的な視点から、過度にリスキーな取引を抑制するように働くのが、本来のリレバンである。

第8章　メインストリート金融の行方

1　長期的視点で検証する

連邦預金保険公社（ＦＤＩＣ）は２０１２年秋、過去25年以上にわたるコミュニティバンクの展開、および直面する課題と可能性の理解に焦点をあてた取り組みをおこなうと公表した。

（1）取り組みの目的

これは、コミュニティバンクはコミュニティに伝統的な銀行サービスを提供することで、金融システムとアメリカ経済において重要な役割を果たしているという、ＦＤＩＣの認識に基づいている。取り組みには、地域での円卓会議、検査と規則制定の検証、カンファランス、およびコミュニティバンキングの調査がある。

調査は、１９８４～２０１１年を対象期間とし、コミュニティバンクを資産規模だけでなく実態に即して定義したうえで、以下の章立てで広範な内容を考察している。

第１章　コミュニティバンクの定義
第２章　コミュニティバンクと非コミュニティバンクにおける構造変化

第3章　コミュニティバンクの地理的考察
第4章　コミュニティバンクと非コミュニティバンクにおける財務パフォーマンスの比較
第5章　貸出分野で分類したコミュニティバンクのパフォーマンス比較
第6章　コミュニティバンクの資本構成

（2）調査の概要

コミュニティバンクは、全銀行における資産残高シェアでは縮小傾向にあるが、アメリカ経済においてユニークで重要な役割を担い続けている。その特徴は、地元の「オーナーシップ」・「コントロール」・「意志決定」に裏打ちされる、リレーションシップ型の貸手にある。

１９８４年に存在していた銀行の２０１１年の状況を資産規模別にみると、総資産1億ドル未満のコミュニティバンクの生存率は34％と一番高く、その裏返しで破たん率10％、被買収率32％、持株会社内合併23％と低くなっている。一方で、10億ドル～１００億ドル未満の中規模銀行は、存続率が10％と低く、破たん率は21％前後と高い。

コミュニティバンクを所在地域でみると、地方と郊外（以下では地方など）の郡で多くの預金をもっており、コミュニティバンクの本支店しかない郡が６００（全米の郡の約20％）以上ある。反面、地方などの展開地域には、人口増加や経済成長が緩やかなところが多く、コミュニティバンクの規模や成長の制約になっている。しかし、地方などに本店をもつコミュニティバンクの財務パフォーマンス、たとえば税引前総資産利益率（ROA）は、都市に本店を置くもののそれを上回っており、人口減少地域のコミュニティバンクについても同様である。

多くのコミュニティバンクの税引前ROAは、過去15年間おしなべて悪くないが、非コミュニティバンクより低いのは、低金利下で利ざやが低下していることや、非金利収入が少ないことによる。ただし、リレバンによる貸出によって、不良債権比率は低い。規制コストについて、9つのコミュニティバンクにFDICがヒアリングをしたところ、個別の規制や施策が大きな影響をもつことはないが、累積的な規制対応の影響は、過去10年以上において行員の増加をもたらしている。

コミュニティバンクを中心となる貸出分野で分類すると、商業用不動産貸出とくに建設・土地開発貸出に傾斜したところで多数の破たんが生じている。

コミュニティバンクの今後を左右する要因として、新設行の動向と金利の行方が重要である。規模の経済の有無ははっきりしない。

今後いっそうの検討が必要な項目として、商業用不動産貸出とくに建設・土地開発貸出における社会的な費用対効果を考慮した適切な政策、規制コストの変化、免許付与のあり方、新技術の影響がある。

（3）コミュニティバンクの役割と課題

この調査は長期的な視点からコミュニティバンキングを考察しており、その基本的な役割と重要性についての従来の認識と変わりはない。また、1984年から2011年への銀行資産規模別の変化では、特定時点での資産規模別の経営指標だけからは分からない興味深い様子を明らかにしている。最小規模のコミュニティバンクの状況については、単店銀行、リレバン、Sコーポレーションといった要因とあわせて考えると有益だろう。

また、商業用不動産貸出に過度に傾斜したコミュニティバンクが、リーマンショック後に多く破たんしたと指摘し、今後の検討課題としている。検討にあたっては、本書第7章で解明したように、これらの破たんはリレバンの結果ではなく、破たんすべくして破たんした例外的なコミュニティバンクであり、新設行でも同様な傾向がある点に注意がいる。

一方で、金融危機後の低金利の長期化や、規制コストという外部環境は、すべてのコミュニティバンクの収益に影響を与えうるため注視していく必要がある。規制コストは他業態との競争が激しくなるなかで、大きな論点の一つである。先にふれたように、資産1億ドル未満のコミュニティバンクでは、法令順守費用が非金利経費の8・7％を占める。

さらにFDICの調査ではふれられていないが、アメリカでは7％の世帯が預金金融機関に預金保険対象の預金口座をもたず、20％の世帯が同口座をもっているが他の金融機関を主に利用しており、解決を求められる問題である。

2 オンラインレンダーは敵か味方か

ニューヨークなどの連邦準備銀行は、中小企業の業績や資金調達などの調査（ＳＢＣＳ）を２０１０年からおこなっている。

（1）調査の目的

これは地域経済の雇用と成長に影響のある、従業員数５００人未満の、スタートアップ（起業2年以内の企業）、マイクロビジネス（年商10万ドル未満の企業）、成長企業（年商と雇用が前年より増加し、これから先1年以内に新規の雇用が見込まれる企業）の3グループを取り上げ、その事業の状況、資金調達の必要性、資金調達の経験について調査をするものである。26州の５２４０社の回答から、雇用のある３４５９社のそれらを取り上げている（２０１５年）。

（2）中小企業の資金調達の状況

企業業績と資金調達の成功率は年々改善している。しかしながら、資金を申し込んだ半数の企業は、２０１４年第３四半期から２０１５年第３四半期の間に資金が不足している。つまり要望した以下の金額しか借入が認められていない。マイクロビジネスでは63％が、スタートアップでは58％が、そのように回答している。

資金調達先については、伝統的な銀行貸出が主要な先である。資金調達を希望した企業によると、コミュニティバンクで成功率（76％、大銀行は58％）と満足率（75％、同51％）の両方が高くなっている。

以下では、マーケットプレイス・レンダー（ＭＰＬ）に代表される、オンライン上で資金の貸借をおこなうオンラインレンダーを中心に取り上げる（57頁の図表１－６や60頁を参照）。これにはレンディングクラブ、オンデック、キャンキャピタル、ペイパルワーキングキャピタルが含まれる。資金調達先として中小企業の52％がコミュニティバンクを利用しているのに対し、オンラインレンダーの利用は20％にとどまる。しかし、年商10万ドル～１００万ドルの企業では22％が、同10万ドル未満では30％がオンラインレンダーを利用している。

資金調達ができた借手が不満足と答えた項目の割合をみると（図表２－13）、コミュニティバンクについて「申請の煩雑さ（52％）」や「融資決定にかかる時間（43％）」を挙げているのに対し、オンラインレンダーについては「金利の高さ（70％）」や「返済条件（51％）」を挙げ、好対照をなしている。また、全体の満足度はコミュニティバンクが75％であるのに対し、オンライン

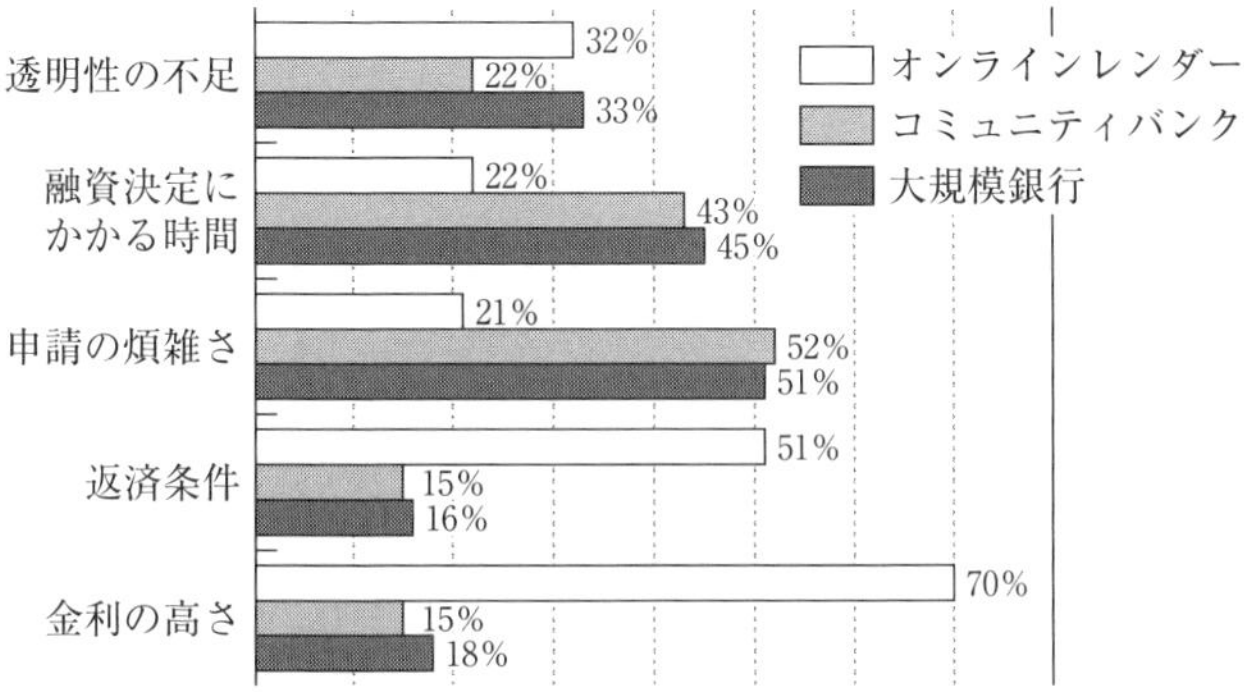

図表2－13　資金調達できた借手が不満足と答えた項目（2015年）

出所：Small Business Credit Survey 2015.

レンダーは15%である。

（3）コミュニティバンクとオンラインレンダーの関係

コミュニティバンクとMPLに代表されるオンラインレンダーは、レリバンとトラバンで議論したように、その貸出手法が異なっている。

また、コミュニティバンクは、大規模銀行に押されている消費者ローンなどでは、オンラインレンダーと補完関係にもある。中小企業向貸出でも一部補完関係にある。たとえば、約200行のコミュニティバンクなどのネットワークであるバンクアライアンスは、レンディングクラブと、同社のプラットフォームで組成される消費者ローンを購入するというパートナーシップを結んでいる。160以上の独立コミュニティバンクのネットワークであるウエスタン独立銀行家（Western Independent Bankers）は、プロスパーと、加盟銀行が自身の顧客に消費者ローンを提供するために、プロスパーのプラットフォームを利用するというパートナーシップを結んでいる。

さらに、地域開発金融機関（ＣＤＦＩ）がＭＰＬとパートナーシップを結んで、ＣＤＦＩの地域開発への専門性と、ＭＰＬのＡＩ（人工知能）による分析などのノウハウを組み合わせて貸出をする試みもおこなわれている。

先にふれたように、借手の満足度がコミュニティバンクで高い。また別のコミュニティバンクへの連邦準備銀行などの調査では、ＭＰＬとの貸出手法の違いや連携から、現段階では中小企業向貸出において、ＭＰＬを脅威と感じている程度は大きくない。

第9章　エコシステムで何が求められているのか

第2部の最後に、メインストリートの金融の本質を確認したうえで、エコシステムにおいて期待されているものを考えたい。

1 市場論理と非市場論理の調和

アメリカの金融システムは、効率性を重んじる市場論理と、伝統・文化・慣習などからなる非市場論理という二面性をもちあわせている。ウォールストリートが主に市場論理で機能するなかで、メインストリートの存在意義（本質）は市場論理とコミュニティの要請（非市場論理）を調和させるところにある。効率だけに生きれば資本力に勝るウォールストリートに吸収されるし、市場論理を無視すれば破たんする。同時に、メインストリートの金融は自律的な活動を基本としながらも、さまざまな政策や制度にも支えられている。これはソーシャルキャピタル（社会関係資本）としてのメインストリートの重要性に着目したものである。しかしながら、コミュニティバンクがこれを自己保身のために用いれば、そのコミュニティバンクはいずれ排除される。

メインストリートを考察する際には、人・組織・ネットワークといった要素および要素間の関連が重要である。たとえば、先にふれたように、アメリカのリレバンでは、融資担当者（ローンオフィサー）という「人」が重要な役割を演じている。つまり、リレバンは、契約上はコミュニティバンクと取引先企業という組織でおこなわれるが、実態上は融資担当者と企業経営者という人的関係・取引のなかでおこなわれている。そして、リレバンがコミュニティバンクでおこなわれるのは、経営者などのソフト情報の取り扱いに、階層の少ない小規模な「組織」形態が向いているからである。

中小企業の経営者は独立した経営者であることに誇りをもち、メインストリートに愛着をもっており、こうした思いがメインストリートの共通の絆・「ネットワーク」を形成する。このネットワークはさまざまな形態で複合的に表れる。メインストリートのネットワークは、ウォールストリートを意識すればメインストリート全体という領域で形成されるし、細分化してみれば個々のメインストリート、民族、職場といった領域にも存在している。これに対応する金融機関も多様であり、銀行、貯蓄金融機関、クレジットユニオンや、地域開発金融機関などがある。この金融機関の分類は法的なものだが、これに加えてコミュニティバンクやマイノリティバンクといった実態的な区分も大切になってくる。こうしたメインストリートのさまざまな金融機関は、それぞれの役割を果たし、全体として（ウォールストリートに対する）メインストリートを形成している。

また、地域社会というネットワークは固定的ではなく、メインストリートの金融機関の姿も当然ながらこの影響を受ける。ネットワークは、「オフライン（実態面）」に留まるものではない。「オンライン」のネットワーク、たとえばソーシャルメディアの進展は、オフラインの様子を、物理的なネットワークを越えた世界で双方向のやりとりとして発展させる。オフラインの実態がオンラインに反映されるだけでなく、オンラインの展開が逆にオフラインに反映されるようにと、互いに影響を与えあっている。

2 創造的なメインストリートへ

グローバリゼーションをともなうポスト工業化社会において、高度化された金融（ウォールストリート）の比重が大きくなるなかで、メインストリートは、コミュニティに拠り所を求める金融ニーズに対して、営利・非営利にわたり、コミュニティの存在の維持に寄与してきたことに間違いはない。

人の活動を起点とした組織であるコミュニティバンクは、エコシステムと親和性が高いと考えられる。しかし、その対象領域は広がり状態は多様化しており、コミュニティバンクのおかれている環境は、メインストリートの内外で大きく変化している。経済格差が主にメインストリートの一部である地域再投資法の領域を意味した、1977年の制定時とは異なり、現在では白人中間層の没落などから、ウォールストリート対メインストリートという構図がより鮮明になってきた。第6章で考察した銀行とクレジットユニオンの対立は、当事者にとっては重要なことであるが、ウォールストリート対メインストリートという構図が鮮明になるなかで、その立場の違いを超えた行動が求められる。

また、金融分野のエコシステム化であるフィンテックが進展しており、メインストリートという従来の枠組みを越えた領域や現象をもっている（図表2－14）。第8章2節で取り上げたニューヨーク連邦準備銀行などの調査（SBCS）では、コミュニティバンクに対する中小企業の満足度は高いが、トランザクション的なマーケットプレース・レンディングは別にしても、「相対型《あいたい》直接金融」のクラウドファンディングの台頭などを考えた場合、メインストリートが地域社会の要望に十分対応できているのかは再考が必要であろう。コミュニティバンクの新設が低迷している原因は、低金利や規制コストの負担増だけに求められるだろうか。

トランプ大統領は保護主義化によって、没落した白人層を再興しようとしているが、AIが人の仕事を部分的に代替するかもしれないといわれている時代に、工業化社会への郷愁を抱くことでは何も変わらない。たとえば、マッキンゼー・アンド・カンパニーによると、エ

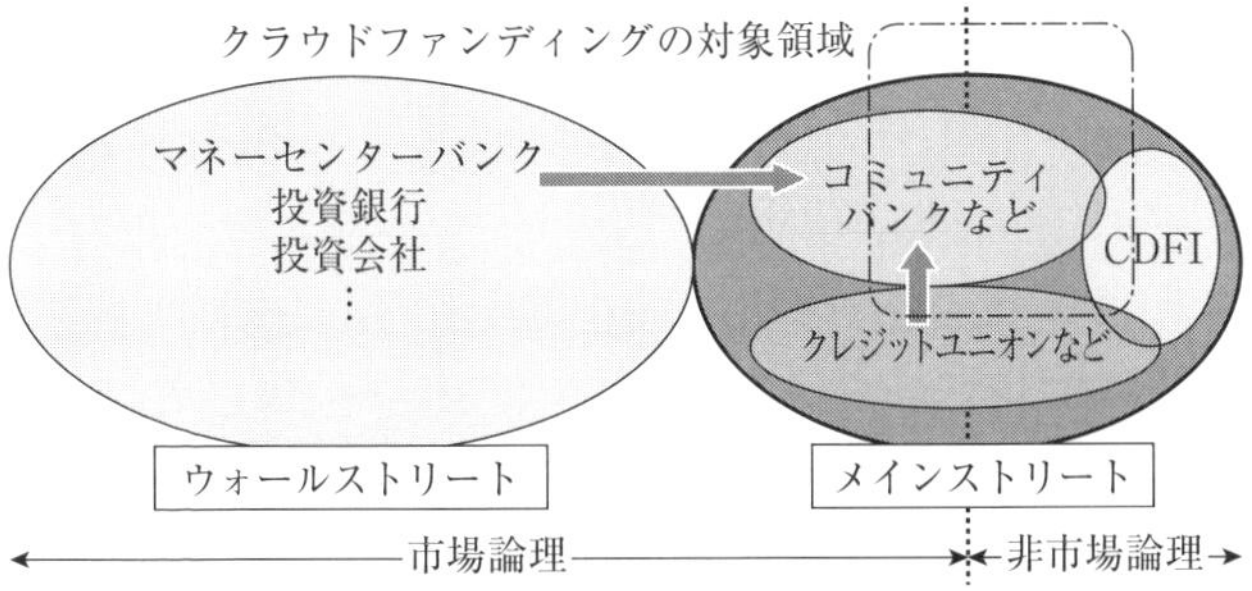

図表2－14　コミュニティバンクを取り巻く環境
注：枠の大きさは必ずしも勢力の大小を表しているわけではない。
CDFIは地域開発金融機関を示す。
出所：筆者作成。

ンジンを組み立てる工場労働者の場合、部品の組み立てや製品の箱詰め作業など、77ある業務の75％が自動化されるという。

序章で述べたように、トランプ大統領の登場で皮肉なことだが、進むべき道は明確になってきた。それは経済格差の弊害に対処しながら、より創造的な地域社会を目指すことである。経済格差の問題は本書の範囲を越えるものだが、ベーシックインカム（最低限所得保障）などの処方箋も必要ではないだろうか。米国の価値観にはそぐわないかもしれないが、検討すべき段階に来ている。

そのうえで、メインストリートが向かうべきは、ポスト工業化社会のもう一つの側面である、エコシステム化に対応し活用していくことだろう。序章3節で議論したように、イノベーションは既存の知恵同士が結合するところから生まれ、結合はダイバーシティのなかから起こる。メインストリートの金融機関には、こうした質的な変化を後押しする存在であり、ポスト工業化社会における拠り所となることが期待される。

Column

コラム　アポ取りからみえるメインストリートの個性

筆者はこれまでアメリカの約100か所の各種金融機関・規制監督当局・業界団体などで最高経営責任者（CEO）などにインタビューをおこなってきた。アポイントメント（面談の約束）を取って、場所と行き方を確認し、実際に訪ねるのだが、その過程において、データに表れることのないメインストリートの姿を垣間みることができる。

まずはアポを取らねば始まらない。その時々のテーマによって訪ねる地域を特定し、個別の銀行のウェブサイトをみて手紙を送る。手間がかかるが楽しい作業でもある。ほとんどのコミュニティバンクのトップページには、〝About Us〟、あるいは〝Our Bank〟、なかには〝Your Bank〟という項目があり、とても個性的でおもしろい。また、そこをクリックすると、「インディペンデント（自立した）」、「地元経営」、「ユニーク」といった言葉がしばしば出てくる。コミュニティバンクの個性と価値観の共有の両方をみることができ、とても興味深い。これを繰り返していると、ウェブサイトをみた段階で、アポが取れるか否かが大体わかるようになる。ウェブサイトであっても、それだけコミュニティバンクの思いが表れているということだろう。

Column

一方で、依頼すれば必ず応じてくれるというものではないし、アポの取得（見込み）率は地域によってだいぶ差が出る。筆者の限られた経験ではあるが、日本と交流の多いカリフォルニア州などではかなり高い確率で取れるものの、そうでない地域では難しい。しかし、当然といえば当然で、アメリカと一口にいうが、地域は多様で、ニューヨークやロサンゼルスなどの大都市も存在するものの、全体を見渡すとアメリカは「大いなる田舎国家」という方がしっくりする。

よく知らない日本の、見ず知らずの人間から来る依頼に、戸惑いを感じる人もいるだろう。それでも、訪問の理由を明確にして熱心にお願いすれば、親切に対応してくれる人も少なくない。ネブラスカ州では、依頼していた州銀行協会の方が日本にメールを下さり、スキップ・ホーブFDIC元副議長・代行議長さんをはじめ、コミュニティバンカーや規制・監督当局者との仲を取りもってくださり、また皆さん快く応じてくれた。地方の温かさと同時に、メインストリートの人的ネットワークの強さにふれることができた。余談だが、訪問するとよくノベルティグッズをもらう。ボールペン、バインダー、（とても大きく重い）マグカップ、ゴムボール、ゴルフボール、写真集、コースター、水筒、キャップ、Tシャツ、フード、寝袋…… また、資料や書類などがピザの箱に入っていることもあった。とてもユニーク！

日本人に馴染みのない、あるいは「金融学者」があまり訪れない地域・場所にも足を踏み入れたが、市内の移動は基本的に路線バスと電車を使用した。アメリカ人の多くは自家用車を使用するのは承知している。実際、インタビュー先の人にバスで来たと伝えると大変驚かれるし、あるいは「自分はバスの乗り方がわからない」といった反応すらある。しかし、訪問者にとって路線バスなどに乗ることは、乗車中はもちろん、その経路や時刻表を調べることからはじまり、バス停から訪問先への散策など、短期間の訪問で当該地域を理解するための有益なツールの一つである。こうした作業には、大学生のときに世界中を放浪した経験がとても役に立った。

第2部で取り扱った事柄は、直接的な対象物やデータばかりでなく、その背後や周りにあるものを含めて成り立っている。

第3部

地域の疲弊を転換させる地域金融を目指して

日々の取り組みに息吹を吹き込む

地域にはどんな声があふれているのか。金融から地域をみるのでなく、地域から金融に求められるものをみてみよう（写真提供：PIXTA）。

第3部のキーワード

人口減少・地方創生

政府は東京一極集中を解消し、地方の人口減少に歯止めをかけ、国全体の活力を上げようとしている。地方では若年層の女性が多く転出しており、企業誘致などの対策では効果が薄い。

オーバーバンキング論

銀行数や店舗数、従業員数などが、経済規模に比べて過剰であるという問題提起が2000年前後になされた。とくに貸出市場における過度の競争が低利益をもたらすといわれる。

地域金融機関の経営統合

人口減少社会や資金需要の低迷に備えて、持株会社傘下での統合が活発になり、県境を越えたケースが多くある。コスト削減にとどまらない、工夫と取り組みが期待される。

日本型金融排除

十分な担保・保証のある先や高い信用力のある先以外に対する金融機関の取り組みが十分でなく、企業価値の向上等が実現できていない状況。金融庁が2016年に存在可能性を指摘した。

「共通価値の創造」

「金融機関が顧客本位の良質なサービスを提供し、企業の生産性向上や国民の資産形成を助け、結果として、金融機関自身も安定した顧客基盤と収益を確保する（金融庁）」ことが求められている。

第3部では、わが国の地域金融を取り上げる。ＡＩ（人口知能）やＩｏＴ（モノのインターネット）が地域社会にも影響を与え始める一方で、人口減少、とりわけ若年層の女性の大幅な転出が生じている。これは地域の人口減少という側面で問題であるだけでなく、地域に一番不足している「人（＝アイデア＋行動力）」の喪失という面でも大きな問題である。

地域金融機関に期待される役割は、取引先企業の財務支援から本業支援へと拡大している。その手段がベンチマークであったり、「共通価値の創造」であったりする。第3部では、これらについて筆者なりに見解を述べたうえで、議論をさらに一歩進めたい。つまり、地域金融機関が、創造的な地域社会に向けて、これまで必ずしも正面から扱ってこなかった重要な諸課題に対し、何ができるのかを固定観念にとらわれず考える。地域の疲弊を転換させる地域金融の姿を、読者それぞれがおぼろげながらにも考える気持ちになっていただければ幸いである。

なお、以下では後述の金融庁『金融モニタリングレポート』にならい、「地域銀行」は地方銀行、第二地方銀行、埼玉りそな銀行を指し、「地域金融機関」は地域銀行に信用金庫、信用組合を加えたものとする。

第10章　地方創生の推進

人口減少の核心を考察する前に、地方創生の流れを確認しておく。地方創生は、２０１４年９月の第二次安倍内閣（改造）発足時に掲げられた。まち・ひと・しごと創生本部を設置して、東京一極集中を解消し、地方の人口減少に歯止めをかけるとともに、国全体の活力を上げようとするものである。同年12月には、50年後に人口１億人を維持するための『長期ビジョン』（図表３－１）と、２０２０年までの施策をまとめた『総合戦略』が提示された。後者の「Ⅰ基本的な考え方」において以下のように「２まち・ひと・しごとの創生と好循環」が述べられている。

地方創生は、いうまでもなく「ひと」が中心であり、長期的には、地方で「ひと」をつくり、その「ひと」が「しごと」をつくり、「まち」をつくるという流れを確かなものにしていく必要がある。

そのうえで、現在の課題の解決にあたって重要なのが、負のスパイラルつまり人口減少が地域経済の縮小を呼び、地域経済の縮小が人口減少を加速させることに歯止めをかけ、好循環を確立する取り組みである。都市部には、仕事等の条件がかなえば地方への移住を

図表３－１　まち・ひと・しごと創生『長期ビジョン』が目指す将来の方向

◎人口問題に対する基本認識　―「人口減少時代」の到来

・2008年に始まった人口減少は、今後加速度的に進む。人口減少は地方から始まり、都市部へ広がっていく。
・人口減少は、経済社会に対して大きな重荷となる。
・東京圏には過度に人口が集中しており、今後も人口流入が続く可能性が高い。東京圏への人口の集中が日本全体の人口減少に結び付いている。

◎今後の基本的視点

○３つの基本的視点
①「東京一極集中」の是正
②若い世代の就労・結婚・子育ての希望の実現
③地域の特性に即した地域課題の解決
○国民の希望の実現に全力を注ぐことが重要。

⬇

◎目指すべき将来の方向　―将来にわたって「活力ある日本社会」を維持する

○若い世代の希望が実現すると、出生率は1.8程度に向上する。
・国民希望出生率1.8は、OECD諸国の半数近くが実現。わが国においてまず目指すべきは、若い世代の希望の実現に取り組み、出生率の向上を図ること。

○人口減少に歯止めがかかると50年後1億人程度の人口が確保される。
・2030～2040年頃に出生率が2.07まで回復した場合、2060年には1億人程度の人口を確保すると見込まれる。

○さらに、人口構造が「若返る時期」を迎える。
・人口減少に歯止めがかかると、高齢化率は35.3%でピークに達した後は低下し始め、将来は27%程度にまで低下する。さらに高齢者が健康寿命を延ばすと、事態はより改善する。

○「人口の安定化」とともに「生産性の向上」が図られると、50年後も実質GDP成長率は、1.5～2%程度が維持される。

◎地方創生がもたらす日本社会の姿

＜地方創生が目指す方向＞
○自らの地域資源を活用した、多様な地域社会の形成を目指す。
・全国一律でなく、地方自らが地域資源を掘り起し活用することにより、多様な地域社会を形成。
○外部との積極的なつながりにより、新たな視点から活性化を図る。
・外部人材の取り込みや国内外の市場との積極的なつながりによって、新たな発想で取り組む。
○地方創生が実現すれば、地方が先行して若返る。
○東京圏は、世界に開かれた「国際都市」への発展を目指す。
―地方創生は、日本の創生であり、地方と東京圏がそれぞれの強みを活かし、日本全体を引っ張っていく

出所：まち・ひと・しごと創生本部

希望する人が約4割いるとの調査結果もある。悪循環を断ち切るには、地方に、「しごと」が「ひと」を呼び、「ひと」が「しごと」を呼び込む好循環を確立することで、地方への新たな人の流れを生み出すこと、その好循環を支える「まち」に活力を取り戻し、人々が安心して生活を営み、子どもを産み育てられる社会環境をつくり出すことが急務である。

こうした取り組みは、全国一律ではなく、地域ごとの資源や特性を生かすため、各自治体にて、地域の人口動向や将来の人口推計（『地方人口ビジョン』）、産業の実態や国の総合戦略などを踏まえた『地方版総合戦略』を2016年3月末までに策定し実施に移された。現在実施途中であり、短期間に成果の上がるものではないが、地方創生実施後も東京への一極集中の基本的な流れは変わっていないのが実態である。

なお、地方創生というと三大首都圏は関係がないような印象を持ちがちだが、総合戦略では「このまま地方が弱体化するならば、地方からの人材流入が続いてきた大都市もいずれ衰退し、競争力が弱まることは必至である」と述べている。筆者も同様な認識をもっている。東京も当然ながら地域の一つであり、問題は地方圏の地域創生と同時に首都圏の地域再生の両方にあると考えている。たとえば、待機児童の問題は、家族構成の変化、女性の社会進出、経済格差、保育士の待遇などにかかわるのと同時に、人口が減少していくなかで三大首都圏に人口が大幅に転入している、あるいは首都圏に社会進出を望む女性が集まることの一端であり、地方創生が求められる理由の裏返しである。

第11章　地方における人口減少の核心

次に地方における人口減少の核心を考えたい。人口動態を都道府県単位で確認すると、東京都などで転入超過にあるものの（図表3－2－1）、多くの地方圏では転出超過にある。以下では、最初に筆者の勤務先のある茨城県を例に取り上げたうえで、全国に議論を広げていく。茨城県の内容のすべてが他の人口減少地域にそのまま当てはまるものではないが、共通する部分も少なからずある。また、人口減少の分析に多角的なアプローチが必要なことに変わりはない。

1　若い女性の流出という大問題

茨城県はいわゆる「魅力度ランキング」でほぼ毎年最下位にある。これがどのような、どの程度の意味を

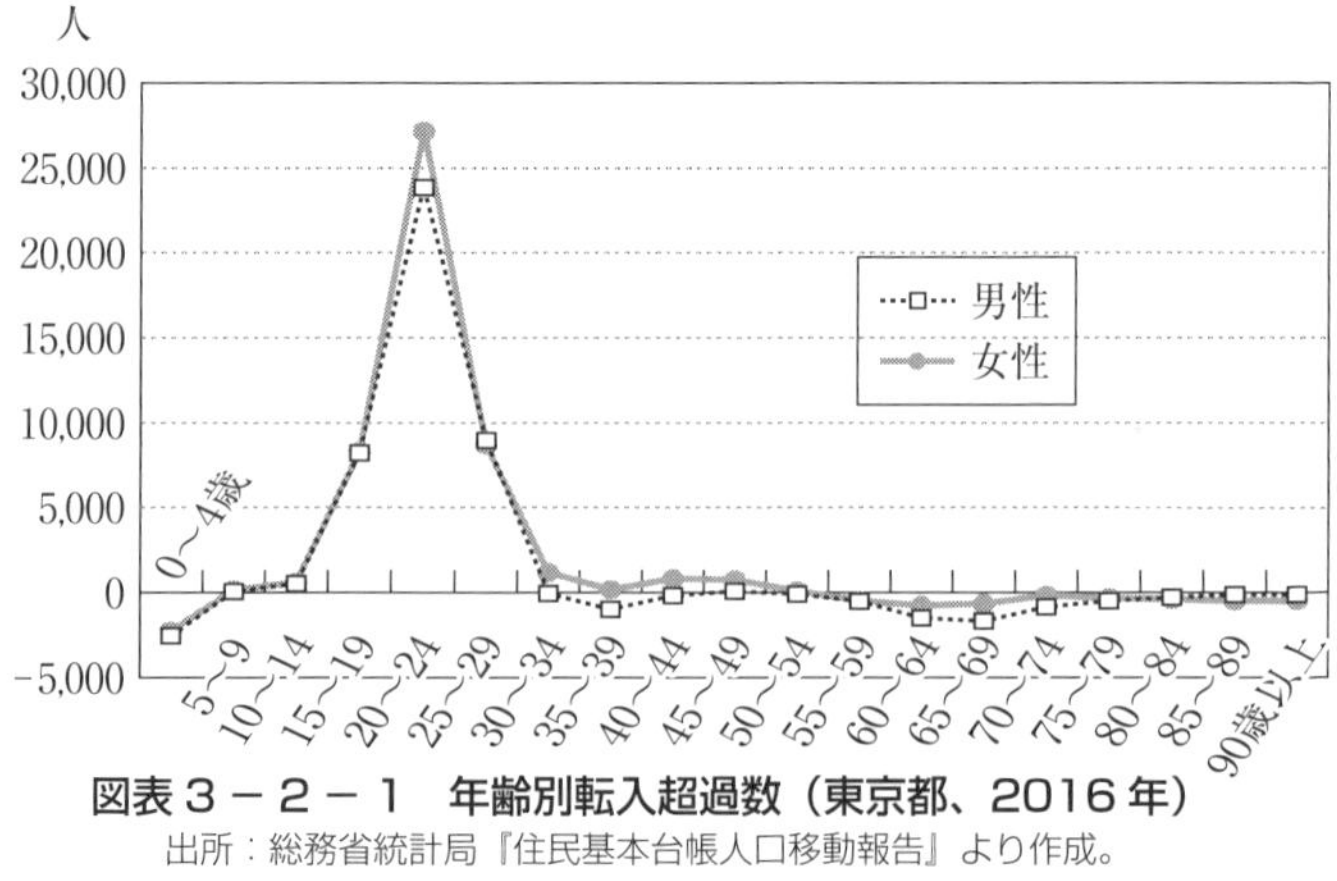

図表3－2－1　年齢別転入超過数（東京都、2016年）
出所：総務省統計局『住民基本台帳人口移動報告』より作成。

もつのかについては議論の余地があるものの、同ランキングは、ブランド総合研究所が毎年、国内1000の市区町村及び47都道府県を対象に、認知度や魅力度、イメージなど全74項目からなる調査を実施するものである。ランキングには観光意欲度が大きく影響するとされる。

一方であまり知られていないことだが、茨城県のいわゆる一人あたり県民所得は高く、2014年度では47都道府県の11位（2013年度は8位）にある。同所得の上位には第二次産業の比率の高い県が目立ち、茨城県の第二次産業の比率は約35％である。また、つくば市や取手市から東京周辺に電車通勤する、いわゆる「茨城都民」には高額所得者が多く、その存在も影響しているといわれる（『日本経済新聞』2013年12月12日）。

しかしながら、経済的な豊かさとは裏腹に、首都圏への大幅な人口転出が続き、2016年は前年から1100人程度改善したものの、3709人の転出超過にある。地方では総人口の減少ペースよりも生産年齢人口の減少ペースの方が早く、内閣府の『地域の経済2016――人口減少問題の克服』によれば、2013年度に29の道府県が地域の需要が供給を上回る生産力不足にあり、2030年度には茨城県なども加わり38道府県が生産力不足に陥ると予測されている。

転出超過について詳しくみていこう。年齢別に捉えると（図表3－2－2）、20～24歳の男女が突出している。さらに男女別にみると、20～24歳の女性が2255人の転出超過で、昨年

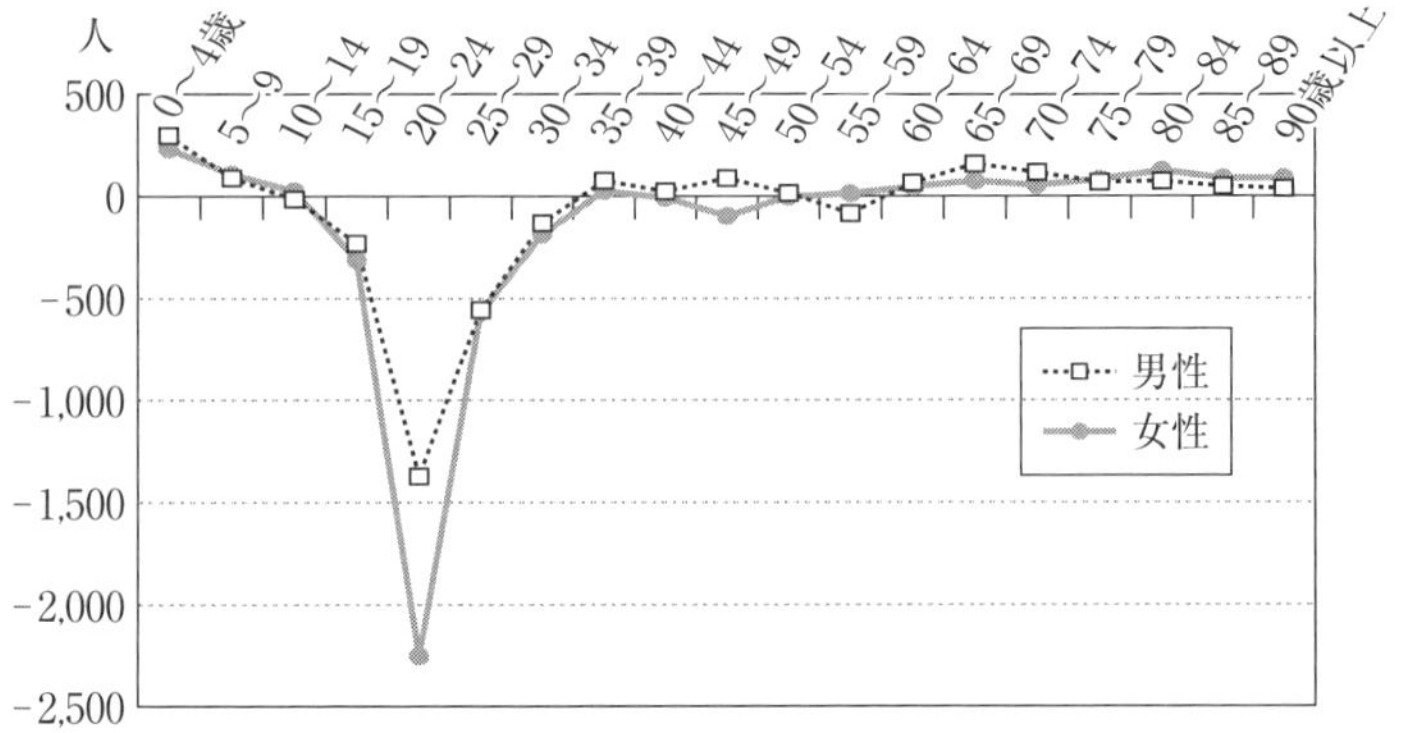

図表３－２－２　年齢別転入超過数（茨城県、2016年）

出所：図表３－２－１に同じ。

より逆に180人近く増えており、20～24歳の女性だけで転出超過全体の61％を占めている。実際には大学入学時に多くが県外に転出しているものの、就職にともなって住民票を動かすため、この統計では20～24歳に突出した転出超過がカウントされるが、実態としては15～19歳で多くが転出していると想像できる。

若年層の女性の（Uターンの見込みのない）転出は、地域の魅力を生み出す活力の喪失をもたらすもので、それがさらなる若年層の女性の転出などを生み出すだろう。換言すれば、この転出は人口減少という側面で地方最大の問題であるばかりでなく、地方にもっとも足りない「人（＝アイデア＋行動力）」の流失という側面においても大きな損失である。転出の理由として、（大学卒業以上の）高学歴な女性が適切な（魅力的な）仕事場を見つけられず、あるいは見つけられないと考え、少なからず県外に転出していることが想像できる。第二次産業の比率の高いことが、転出の程度に影響を与えているところもあるだろう。やはり、「しごと」があってこそ「ひと」が存在し、「まち」が形成されるのだ。

これらを踏まえて大胆にいえば、地域の風土や企業文化などの既存の社会的枠組みに入れる人、もしくはその枠組みに満足できる人には住みやすい地域だが、その枠組みに当てはまらない人には住みにくく、魅力のない地域に映るのではないだろうか。こうした状況は茨城県ばかりでなく、全国にあるようだ（『日本経済新聞』「地方がおびえる女性流出――因習が重荷、打破へ一歩」2016年7月17日）。

2 問われているのは社会のあり方

これまで茨城県の状況を述べてきたが、高学歴の女性の転出は全国的な傾向である。若年層の女性から「選ばれる地域」につながらない対策は、一時的・局所的な活性化には役立っても、それだけでは地域全体としては沈んでいくことになりかねない。たとえば、企業誘致は雇用面で悪いことではないが、女性が活躍できる職場がどれだけ確保されるかが重要である。問われているのは量ではなく質である。日本総合研究所の『東京圏で暮らす高学歴女性の働き方等に関するアンケート調査結果』（２０１５年）によると、出身県別の分析をするものではないが、若い世代ほど将来の就業継続を意識して就職活動をおこなう傾向がある。また、前出の内閣府によれば、都道府県別の女性の労働参加率は、「女性の正規雇用比率が高い」、「男性の長時間労働比率が低い」、「保育サービスの供給量が多い」ところで高くなっている。

おりしも２０１５年9月に女性活躍推進法が成立し、２０１６年4月から従業員３０１人以上の大企業は、女性の活躍推進に向けた行動計画の策定などを新たに義務づけられた。中小企業は努力義務であるが、全従業者数の70％近くは中小企業にあり、地方圏では85％に及ぶため、人口動態という側面では中小企業の動向も大きな意味をもつだろう。

そして、２０１６年9月に働き方改革実現会議が設置され以下のようにうたっている。「働き方改革は、一億総活躍社会実現に向けた最大のチャレンジ。多様な働き方を可能とするとともに、中間層の厚みを増しつつ、格差の固定化を回避し、成長と分配の好循環を実現するため、働く人の立場・視点で取り組んでいく」。これは男女の別を問うものではないが、男性の長時間労働は女性の社会進出を拒む要因の一つであり、改革を注視していきたい。

これまで直接的には若年層の女性を取り上げてきた。一方で、ここで論じていることは、地域社会における女性全般がおかれている状況の表れの一つ、さらには女性に限らず、既得権と非既得権という構図に置き換えて考えるのが有意義である。地方創生を進めるうえで、既存の社会の仕組みとエコシステム化とのずれを認識し、優先順位をもった対応が必要である。求められているのは、「どのように」するのか(方法論)ではなく、「何を」するのか(本質論)である。

事例

未来の起業家を育成する、ジュニアエコノミーカレッジ

NPO法人ジュニアエコノミーカレッジ(福島県会津若松市)は、小学校5・6年生を対象とする、未来の起業家育成プログラムを全国30近い地域で開催している。同法人のウェブサイトには以下のようにある。

「商売体験を通して、「自ら決めて行動できる人材の育成」プログラムです。ジュニアエコノミーカレッジ(以下、ジュニエコ)は、小学校5・6年生が1チーム5名で模擬株式会社を設立し、計画、仕入れ、製造、販売、決算、納税までの一連のサイクルを体験するプログラムです。資本金1万円、必要であれば一万円の借入をし、最大2万円の元手で会社を経営します」。

地元の大人が子どもを育てるというコンセプトのもと、地域のジュニエコの運営者は、その街で商工業を営む地元の大人がおこなう。プログラムの運営の仕方は、子ど

もに決めさせる、「教えない」プログラムである。子どもたちが正解のない問題に取り組むカリキュラムで、「決める」ために、今の子どもたちがもっている知識では足りないと思われる部分についてのみ教える。

筆者も携わったことのある茨城県水戸市では、水戸商工会議所青年部が水戸信用金庫と共催で実施している。第5回目となる２０１６年度は、18チーム・90名の小学生が参加し、同年度から茨城大学の学生約20名が、ボランティアでサポート役を務めた。

約半年間にわたるプログラムで、合宿も含めた取り組みの成果物を、秋におこなわれる「水戸フェスティバル」で販売し、利益の一部は「納税」と称して水戸市に寄付する。小学生はもちろんのこと、大学生も子どもや青年部の地元経営者との交流のなかで多くを学んでいる。

第12章　構造転換への対応を迫られる地域金融機関

1 構造転換の遅れとアベノミクス

（1）構造転換の遅れとバブル

欧米が1970年代にポスト（脱）工業化社会を模索し、新興国は工業化社会へアプローチするなかで、わが国は1980年代まで一時的に工業化社会のモデルを継続することができた。しかし、やがて新興国の追い上げにあう。ポスト工業化社会へ本格的にかじを取るべき時期であったが、実態はバブルの生成によってこうした取り組みはまたしても先送りされた。

1990年代に入りバブルが崩壊し、不良債権問題の深刻化、銀行破たん、公的資金の注入、ゼロ金利政策の導入などが起きた。ようやく2005年になってペイオフ（預金保険制度に加盟している金融機関が破たんした際に、預金者へ保険金を直接支払う方式）解禁を実施できる状況になった。しかし、2008年にはリーマンショックが起き、2011年に東日本大震災に見舞われた（図表3－3）。

バブルの生成・崩壊などについては多くの先行研究があるため、本書では詳しくふれることはせず（金融行政の転換は第13章で記述）、代わりに、外資系金融機関のわが国での動向（進出、

図表３－３　わが国における金融の大きな出来事

1980年代	土地・株価バブル
1990年代	不良債権問題の深刻化
1997年	タイバーツ暴落（アジア通貨危機の発端） 北海道拓殖銀行や山一證券等の破たん
1998年	金融監督庁発足 日本長期信用銀行や日本債券信用銀行の国有化
1999年	ゼロ金利政策導入 「金融検査マニュアル」公表
2000年	金融庁発足 ゼロ金利政策解除
2001年	量的緩和政策開始 特別検査の実施（主要行）
2002年	「金融再生プログラム」公表
2003年	主要行（りそな銀行）への資本増強 大手地方銀行（足利銀行）の一時国有化
2005年	ペイオフ解禁の実施 主要行の不良債権比率半減目標達成
2006年	量的緩和政策解除 ゼロ金利政策解除
2007年	ベター・レギュレーションの4本の柱公表
2008年	リーマンショック 金利0.1%へ誘導
2012年	包括的な金融緩和政策開始 第二次安倍内閣発足、アベノミクス開始
2013年	「異次元」の量的・質的金融緩和開始 金融モニタリング基本方針公表
2014年	金融モニタリングレポート公表
2015年	金融行政方針公表
2016年	マイナス金利政策開始 長短金利操作付き量的・質的金融緩和開始 金融レポート公表

出所：金融庁資料に加筆修正。

店舗・業務展開、撤退）を通して、金融危機時に諸外国がわが国をどのようにみていたのかを示す。

外資系金融機関の動向は、グループ会社全体の戦略を反映するが、わが国の金融・経済環境に依存するところも大きい。後者の点では、その活動は、わが国金融情勢の一定の部分を映し出す鏡といえる。外資系金融機関の進出は、大まかにいって、二つの側面で転換期を迎えていた。一つは外国銀行や外国証券会社の展開（支店の新規設置）が一巡し、また日本経済の不振などから減少（拠点の閉鎖・集約）傾向にあった。もう一つは、破たんなどにともなうわが国金融機関の再編と外資系金融機関による買収（既存拠点の獲得）であり、保険会社やバイアウトの投資会社など多様な外資が進出あるいは活動を本格化した（バイアウトとは、経営改善効果が見込める成熟企業などに、投資会社が買収等をおこなう行為である。第2章4節を参照）。後者の代表例は、1998年にリップルウッド・ホールディングスによる日本長期信用銀行の買収であり、外資系の非預金金融機関による国内大手行の買収で、大きな関心事となった。

こうした二つの動きは、1990年代以降の日本経済の低迷という同一の状況に対して好対照を成している。一方で、外国銀行などにおける業務の多角化や移行、およびバイアウトという新しい業務の生成などは、金融業の変化に即した行動という点で、軌を一にするもので、時代の変革期を映し出している。

（2）アベノミクス

２０１２年12月に発足した第二次安倍内閣は、デフレ経済を克服すべく、「大胆な金融政策」、「機動的な財政政策」、「民間投資を喚起する成長戦略」の三本の矢を柱とするアベノミクスを掲げた。２０１３年3月には黒田東彦日本銀行新総裁が誕生し、異次元緩和政策を開始した。これは、デフレ脱却へ明確な物価目標を決め、大胆な緩和策を一気に実施して企業や個人の期待に働きかける政策である。外国為替は大幅に円安傾向になったが、2年間で前年比２％の物価上昇を目指すという目標は達成できなかった。２０１６年2月にはマイナス金利政策が導入され、２０１６年9月には長短金利操作付き量的・質的金融緩和政策が導入され、２０１７年現在継続されている。

アベノミクスは第三の矢である成長戦略に課題を残したなかで、安倍首相は２０１５年10月に「一億総活躍社会」の実現を目的とする、「希望を生み出す強い経済（ＧＤＰ６００兆円）」、「夢を紡ぐ子育て支援（出生率１・８％）」、「安心につながる社会保障（介護離職ゼロ）」の新三本の矢を発表して取り組んでいる。

2 経営統合で人口減少社会を乗り切れるのか

（1）金融再編

地域金融機関の不良債権比率は２００９年までにはピーク時から半減したが（図表３－４）、預貸率は２０００年代に地方銀行は70～75％で推移し、信用金庫と信用組合では低下し続けて直近では50％前後となっている（図表３－５）。

この間に破たんや合併によって金融機関の再編が進んだ。１９９０年３月に都市銀行は13あったが、２０１０年３月には６に減少した。地方銀行は64から変わりはないが、第二地方銀行は68から42に、信用金庫は４５４から２７２に、信用組合は４１４から１５９へと大幅に減少した。これを都道府県単位でみていくと、たとえば茨城県では１９９７年末に（茨城県内に本店を置く）本店金融機関は15あったが、２０１０年３月に５（地方銀行２、信用金庫2、信用組合１）になった。

不良債権処理にめどがつく一方で、人口減少社会などを念頭に、持株会社による地域金融機関の経営統合が進んでいる。２０１６年末現在、12社のファイナンシャルグループ（ＦＧ）等があり、うち10社は以下の事例などの県境を越えたものである（年数は持株会社設立時）。

●２００３年、地方銀行の北陸銀行（富山県富山市）と地方銀行の北海道銀行（北海道札幌市）を

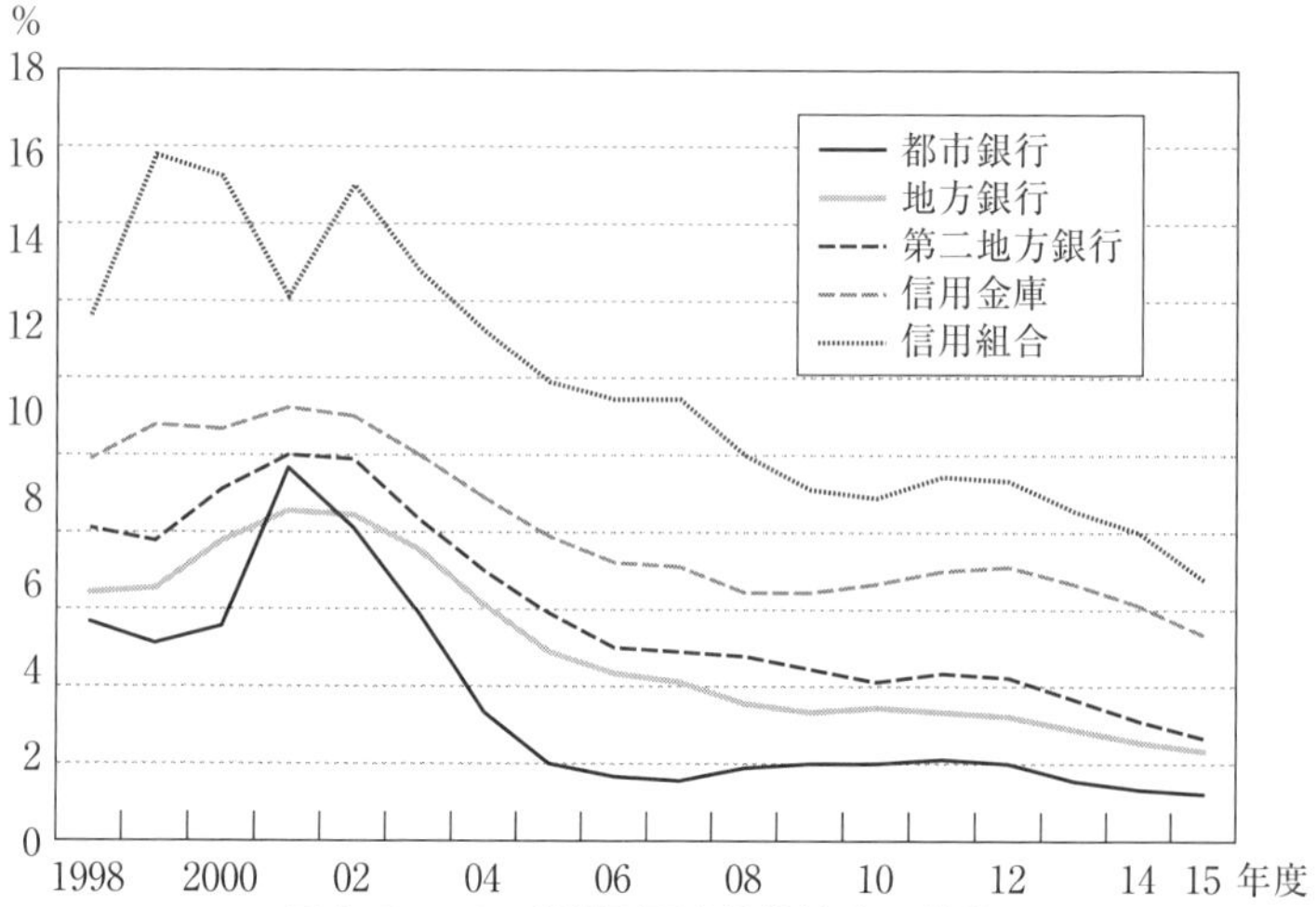

図表３－４　業態別不良債権比率の推移

出所：各種資料から作成。

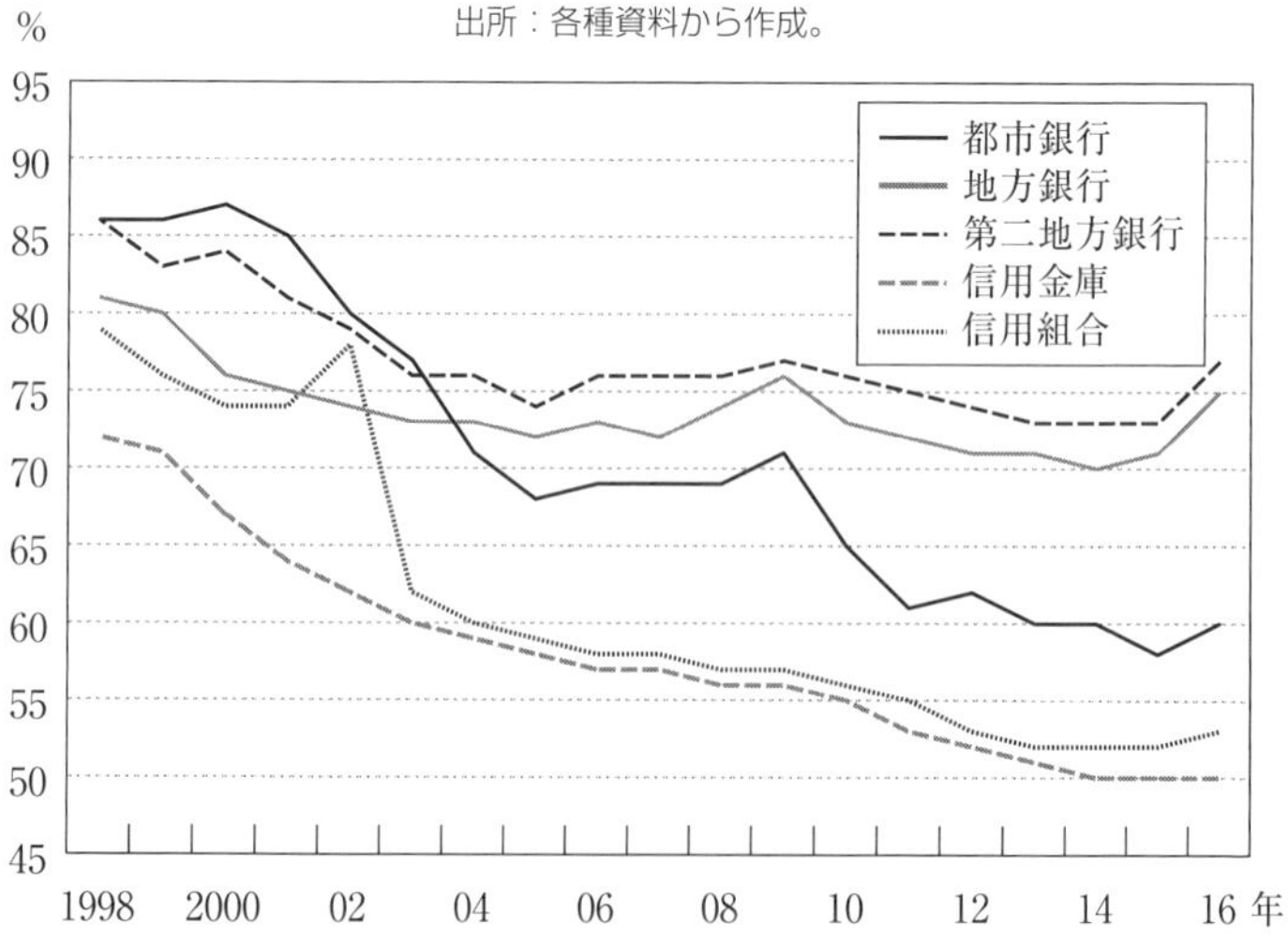

図表３－５　業態別預貸率の推移

出所：各種資料から作成。

傘下に持つほくほくＦＧ

●２００７年、地方銀行の福岡銀行（福岡県福岡市）、第二地方銀行の熊本銀行（熊本県熊本市）、地方銀行の親和銀行（長崎市佐世保市）を傘下に持つふくおかＦＧ

●２０１６年、地方銀行最大手の横浜銀行（神奈川県横浜市）と第二地方銀行の東日本銀行（東京都中央区）を傘下に持つコンコルディアＦＧ

こうした統合の動きとは裏腹に、２００１年にはアイワイバンク銀行（現・セブン銀行）、ソニー銀行、イーバンク銀行（現・楽天銀行）を皮切りに、２００７年にイオン銀行など、異業種からの銀行業行参入も進んだ。

（２）金融庁による金融モニタリング

金融庁が２０１４年７月に『金融モニタリングレポート』を公表した（金融庁の事務年度は９月から翌年８月までであり、方針が事務年度当初に示され、年度末にその検証がレポートして公表される）。このなかで、地域銀行の地元地域において人口減少等が進むなかで、貸出・預金等の将来の動向がどのように予測され、それらを踏まえた地域銀行の経営戦略やビジネスモデルの中長期的な持続性はどのように評価されるか、について検証している。なお、同レポートの「地域銀行」とは地方銀行、第二地方銀行、埼玉りそな銀行から構成され、「地域金融機関」は地域銀行に信用金庫、信用組合を加えたものである。

それによると、地域の企業向貸出残高と地域の生産年齢人口との間には高い相関関係がみられることから、生産年齢人口の減少の予想をもとに、各地域銀行が経営基盤としている都道府県（本店所在地）の2025年3月末時点での貸出市場規模を推計している。その結果、これまでの企業向貸出と生産年齢人口動態の関係等が今後も続くと仮定すれば、いずれの地域においても、貸出残高は減少すると推計している。

一方、各地域銀行が策定している中期経営計画をみると、多くの銀行において計画期間中（3年間程度）に貸出金の増加を目標として掲げているが、全国的な人口減少にともなう貸出規模の縮小が予想されるなかで、こうした貸出の量的拡大といったビジネスモデルは、全体としては中長期的に成立しない可能性があると指摘する。現在、地域銀行の貸出残高は増加基調であるが、内訳をみると、東京等における大企業向貸出、地方公共団体向貸出、個人向住宅ローンの増加が寄与している。

地域銀行の貸出に関する収益性は、全体としてみれば、低下している。多くの地域銀行では、貸出業務の収益性の低下を人件費や物件費の経費削減で補ってきているが、こうした経費削減は、これまでも各行が長期間・重点的に取り組んできており、さらなる取り組みは、営業職員の営業力や目利き力の低下を招き、経費のかからない定型的な貸出への傾斜や顧客利便の低下を招くのではないかといった懸念があると分析している。

2015年の『金融モニタリングレポート』では、地域銀行の貸出金利回りの低下により、貸出に関する収益性は全体として低下が継続しているが、金利回りの低下幅は銀行によって差異があり、ビジネスモデルの違いにより相応の金利水準を維持している銀行もあるとする。貸出規模と経費は強い相関関係にあり、かつ、規模の利益が作用しているが、貸出規模と貸出収益率の関係をみると、比較的規模が小さい銀行において、収益率の分布に拡がり、規模の利益を指向する経営戦略がある一方、規模の拡大によらず、ビジネスモデルで差別化を図る経営戦略もあると指摘する。

2016年の『金融レポート』では、顧客向けサービス業務（貸出・手数料ビジネス）の利益率を試算すると、2015年3月期においても、当該利益率は4割の地域銀行がマイナスであったが、さらに、2025年3月期では6割を超える地域銀行がマイナスになると分析している。

第13章　転換を迫られる金融行政

1　リレバンの目的は達成されたのか

1998年に金融監督庁、2000年に金融庁が発足した当時は、バブル崩壊後の金融システム不安や金融機関の不良債権問題の解決等が最優先課題であった。

2002年10月に公表された『金融再生プログラム』で、地域金融機関の不良債権処理については、主要行とは異なる特性を有するリレーションシップバンキングのあり方を多面的な尺度から検討することになった。地域金融機関について、2003年3月に金融審議会金融分科会第二部会から『リレーションシップバンキングの機能強化に向けて』という報告書が公表された。このなかで「平成16年度までの2年間を地域金融に関する「集中改善期間」としたうえで、それぞれの中小・地域金融機関が本報告書の提言に沿ってリレーションシップバンキングの機能を強化し、中小企業の再生と地域経済の活性化を図るための各種の取り組みを進めることによって、不良債権問題も同時に解決していくことが適当と考えられる」と示された。

この提言を踏まえて金融庁は『リレーションシップバンキングの機能強化に関するアク

ションプログラム（２００３〜２００４年度）』を取りまとめ、地域金融機関にリレバンの機能強化計画の提出を求めた。同年６月には事務ガイドラインが改正され、リレバンの機能の一環としておこなう、コンサルティング業務等取引先への支援業務が、付随業務に該当することが明確化された。２００５年に『地域密着型金融の機能強化に関するアクションプログラム（２００５〜２００６年度）』が公表され、２００７年４月の金融審議会第二部会報告『地域密着型金融の取り組みについての評価と今後の対応について――地域の情報集積を活用した持続可能なビジネスモデルの確立を』を経て、同年８月に監督指針が改正され、地域密着型金融の取り組みは時限プログラムから恒久的な枠組みとなった。

この期間に地域金融機関の不良債権比率は低下し、地域金融機関の健全性は確保されてきたものの、地域金融機関は担保・保証付きの貸出に依存するようになり、リレバンの意図と逆行する動きもみられた。

2 「日本型金融排除」とは何か

２００８年にリーマンショックが起き、２００９年に中小企業金融円滑化法が成立した。同法は返済猶予や金利減免、返済期限の延長など、中小企業や住宅ローンを抱える個人が求

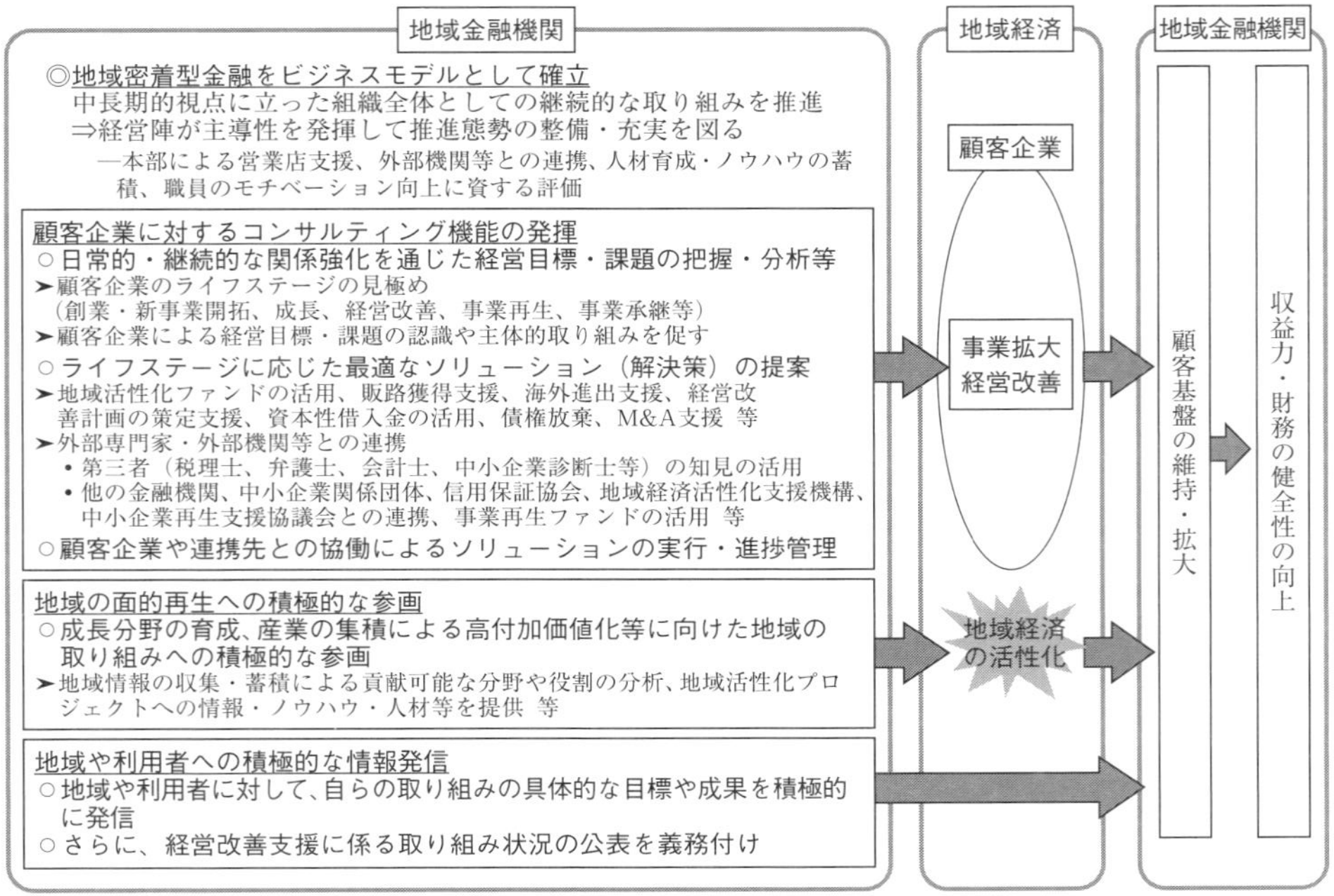

図表３－６　地域密着型金融の目指すべき方向

（2011年５月金融庁監督指針の改正）（2013年４月最終改正）

出所：金融庁

める貸出条件の変更にできる限り応じるよう金融機関に促すものである。２０１１年３月末までの時限立法であったが、二度の延長を経て２０１３年３月に終了した。

一方で、２０１１年に監督指針が改正され、地域密着型金融をビジネスモデルとして確立した（図表３－６）。そして２０１３年の『監督方針および金融モニタリング基本方針等』で、金融機関に、金融危機への対応を理由に不良債権処理を迫ってきた路線から、成長分野への新規融資を促すように方向転換がはかられた。事業性評価にかかるモニタリングが開始され、翌年に第12章２節で言及した『金融モニタリングレポート』を公表した。２０１４年９月に『金融モニタリング基本方針』を、翌年７月に『金融モニタリングレポート』を再び公表し、２０１５年９月の『金融行政方針』では、「金融行政の目指すもの」として、「企業・経済の持続的成長と安定的な資産形成等による国民の厚生の増大」を打ち出した。

２０１６年５月には『企業ヒアリング・アンケート調査の結果について――融資先企業の取引金融機関に対する評価』が公表され、企業はメインバンクに対して自社や自社の事業への理解を求めていることや、金融機関に対して経営上の課題や悩みをまったく相談していない企業が一定数存在することなどが指摘された（図表３－７－１、図表３－７－２）。なお、「企業ヒアリング」は中規模・中小企業を中心に、７５１社で実施。「アンケート調査」は企業ヒアリングで捕捉できていない小規模企業２４６０社を対象に実施し、全国の企業規模別割合

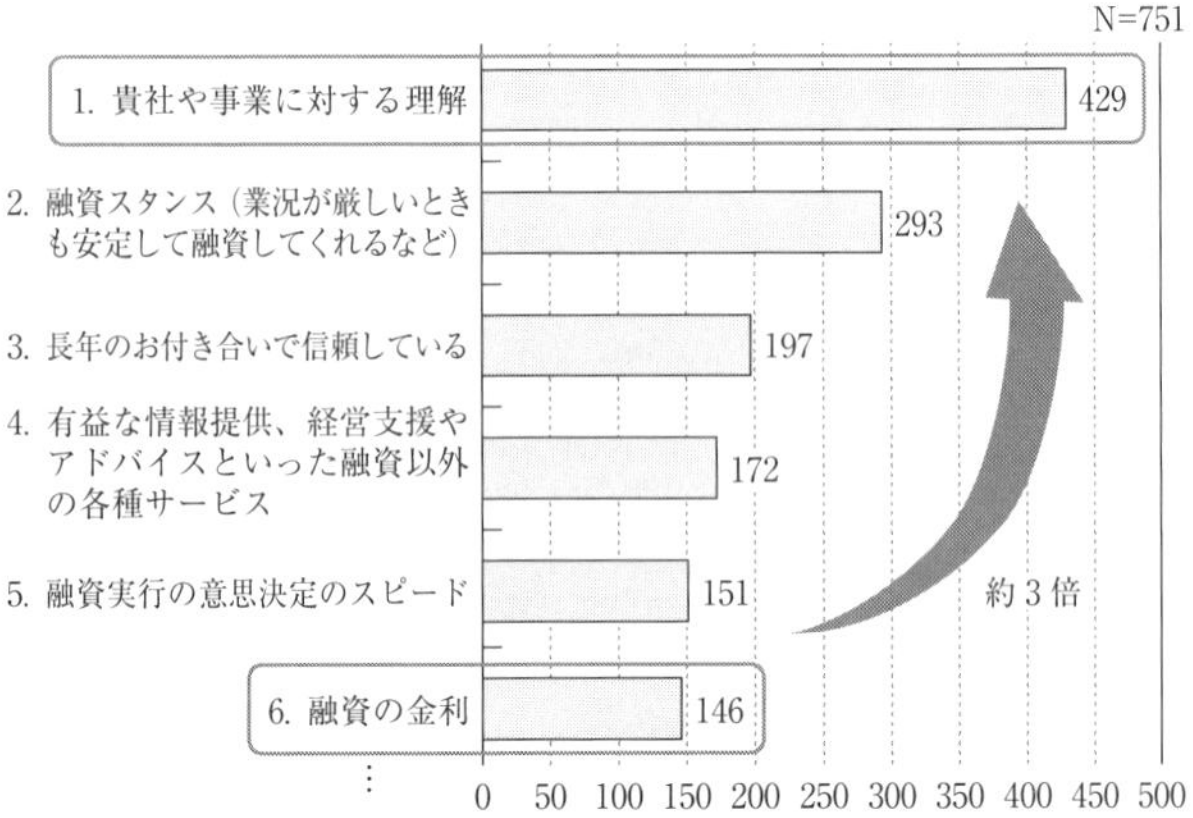

図表３－７－１　企業ヒアリングの結果

出所：金融庁『企業ヒアリング・アンケート調査の結果について――融資先企業の取引金融機関に対する評価』2016年。

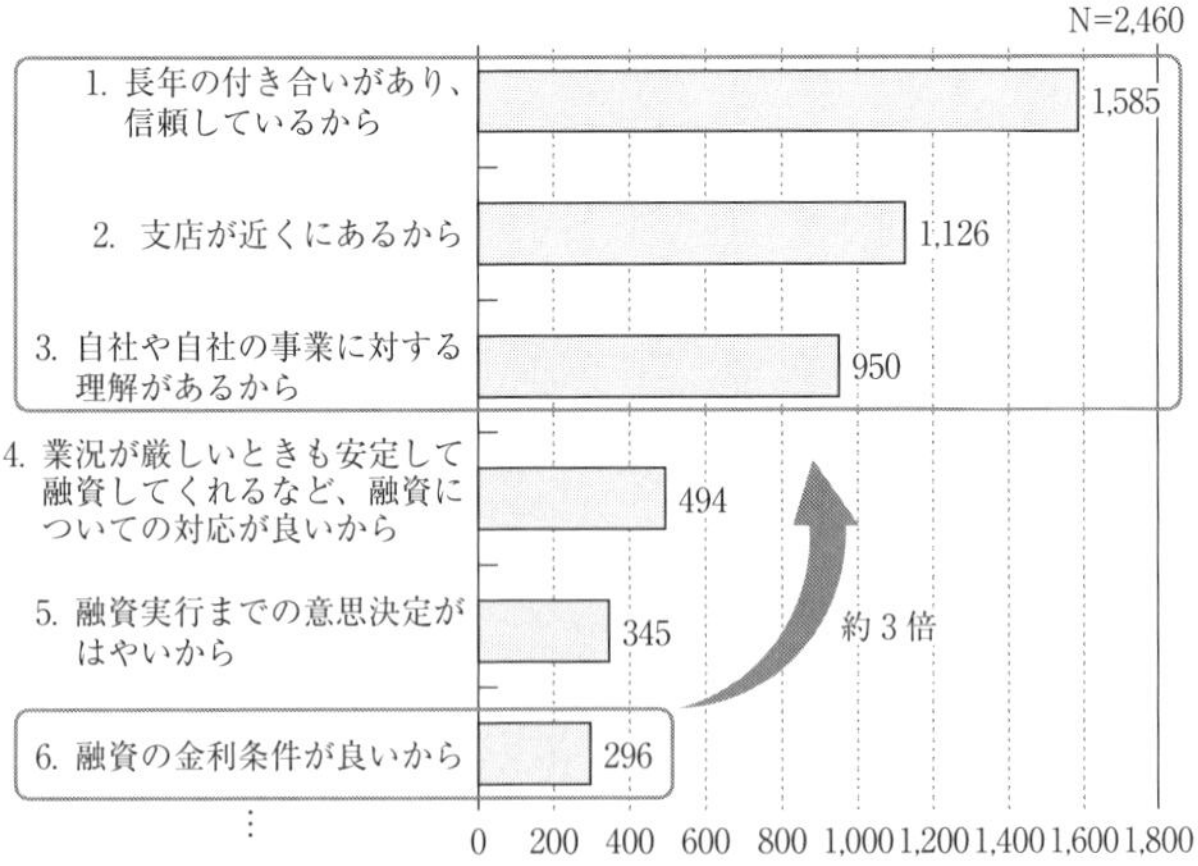

図表３－７－２　アンケート調査の結果

出所：図表３－７－１に同じ。

にできる限り近づくよう調整し、企業ヒアリングおよびアンケート調査とともに、業種や債務者区分の分布に偏りはないという。

２０１６年９月に金融庁は地域金融機関の「地元貢献」などを数値化する新指標『金融仲介機能のベンチマーク』を公表した。これは、金融機関が依然として担保・保証に依存しているという企業からの指摘、事業の理解に基づく融資や経営改善等に向けた支援を企業が求めているという前述のヒアリングの結果、（監督・検査を通じて明らかになった）金融機関で金融仲介の取り組みの内容や成果に相当の差があることなどを踏まえたものである。「金融機関が、自身の経営理念や事業戦略等にも掲げている金融仲介の質をいっそう高めていくためには、自身の取り組みの進捗状況や課題等について客観的に自己評価することが重要である」とされた。ベンチマークの具体的項目については、すべての金融機関が金融仲介の取り組みの進捗状況や課題等を客観的に評価するために活用可能な「共通ベンチマーク（５項目）」と、各金融機関が自身の事業戦略やビジネスモデル等を踏まえて選択できる「選択ベンチマーク（45項目）」を提示している。これは、２０１３年度以降における、銀行の健全性に比重を置いた方針からの転換を踏襲したうえで、新指標はこれをより具体的に地域金融機関に求めるものだろう。

さらに２０１６年の『金融行政方針』では、金融行政運営の基本方針の最初の項目として、

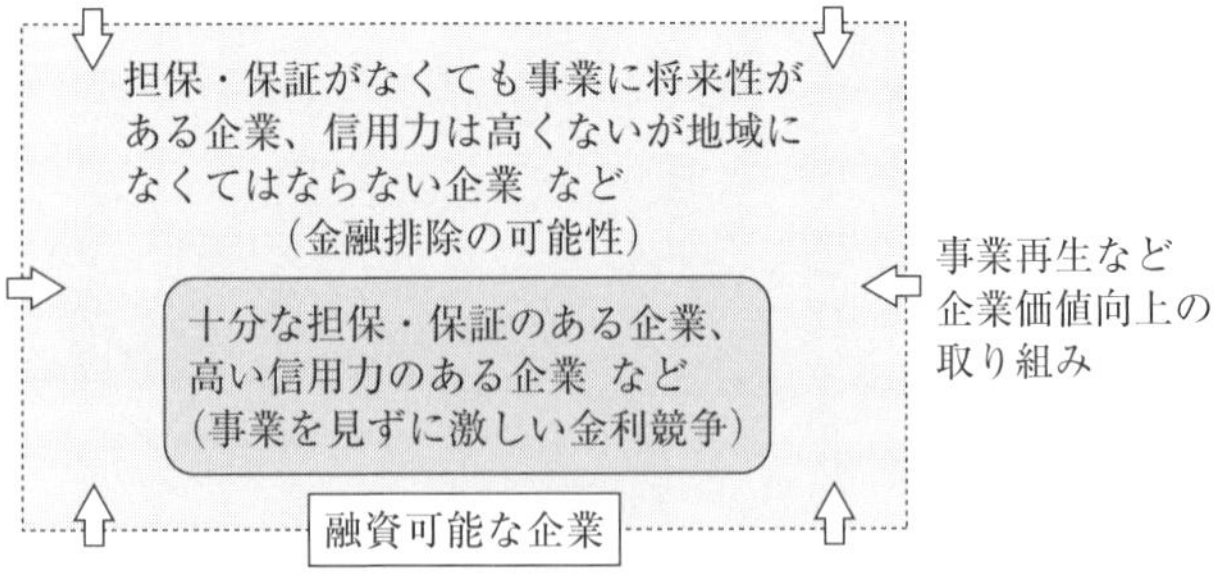

図表３－８ 「日本型金融排除」のイメージ図

出所：金融庁『平成 28 事務年度金融行政方針』に加筆修正。

「金融を取り巻く環境変化に遅れることなく、また将来を見据えて金融サービスの質の向上や市場の発展を実現していくために、まずは金融庁自身や金融行政運営のあり方を変えていく必要がある」として、金融当局・金融行政運営の変革がうたわれた。これは異例のことで、金融庁の覚悟を示し、金融機関へ事業性評価・本業支援を強く迫るものと理解できる。

そして同基本方針の三つ目で、「共通価値の創造」を目指した金融機関のビジネスモデルの転換が取り上げられ、このなかで「日本型金融排除」の実態把握が掲げられた。「共通価値の創造」は、「金融機関が顧客本位の良質なサービスを提供し、企業の生産性向上や国民の資産形成を助け、結果として、金融機関自身も安定した顧客基盤と収益を確保するという好循環（顧客との「共通価値の創造」）を目指す」ものである。

「日本型金融排除」とは（図表３－８）、「十分な担保・保証のある先や高い信用力のある先以外に対する金融機関の取り組みが十分でないため、企業価値の向上等が実現できていない状況」であり、これが生じていないか金融庁が実態を把握するという。

また、同年度の方針では、「アドバイスとファイナンス」という表現が用いられているのが印象的である。これは、十分な担保・保証のある先や高い信用力のある先に単に「ファイナンス」をするのが地域金融機関の本分ではなく、事業性評価に基づく本業支援という「アドバイス」によって、「金融排除」することなく、「ファイナンス」につなげていくことが必要だとのメッセージと理解できるだろう。

第14章　オーバーバンキング論とは何だったのか

1　問題は銀行の数の多さではない

2000年前後からオーバーバンキング（銀行過剰）という議論が、さまざまなところで繰り返しなされた。その定義は必ずしも定かでないが、銀行数や店舗数、従業員数などが、経済規模に比べて過剰だという問題提起である。とくに貸出市場における過度の競争が低収益をもたらしているといわれた。銀行数、店舗数、従業員数とも2010年には大幅に減少しており、その意味ではオーバーバンキングは解消されたといえるのかもしれないが、その後貸出部門の収益性が大幅に回復したとも聞かない。一方で、2000年以降、異業種から銀行業への参入が起きている。

筆者はかねてから、現行の貸出先・額と貸出方法からすれば確かに銀行は過剰かもしれないが、潜在的な貸出先を考慮に入れた場合、過剰なのではなく、多くの地域金融機関が貸せるところだけに集中して貸していることが問題であって、銀行数等を減らしたからといって、低収益の問題は解決しないと論じてきた（たとえば「米国における金融の再編と地域性」『生活経済学研究』第22・23巻、2006年）。

近年の持株会社による地方銀行等の経営統合は、不良債権問題時の金融再編とは異なり、人口減少社会などに備えた「前向きな」対応と捉えられることが多いようだ。経営統合が悪いというつもりはないが、統合の成果が規模の経済の追及やビジネスマッチングにとどまり、貸出手法の工夫や新たな開発などに結び付かないのであれば、銀行の健全性の確保という意味では顧客や地域社会に役立つのかもしれないが、金融庁が可能性を指摘した「日本型金融排除」の解消や、顧客や地域社会の活性化には不十分だろう。銀行数の減少という意味でのオーバーバンキングが解消したとしても、そこにあった本質的な問題は今なお続いている。規模の大小というよりも、ビジネスモデルの確立が求められている。

なお、新聞報道などによると、金融庁は地方銀行の再編に対する初の指針を打ち出した。再編が銀行の都合に偏り、顧客への配慮が後回しにならないよう、顧客の利益を重要な要素に位置付けるという（『日本経済新聞』２０１７年3月8日）。これは、第12章2節でふれた長崎県2位の親和銀行を傘下に置くふくおかフィナンシャルグループと、同県首位の十八銀行（長崎市）による、２０１７年4月の経営統合計画が、公正取引委員会の審査難航で延期されたことを受けたものなのか、あるいは前々から予定されていたものなのかははっきりしない。

異業種参入組の銀行に目を転じると、グループ会社のＥＣモール（インターネット上の仮装商店街）の出店者に、当該事業の取引履歴などの膨大なデータをもとに審査をおこない、貸出をおこなっているところがある。これは銀行が過去の財務諸表をもとに審査をおこなうのに対し、ECモールのリアルタイムのデータを利用するところに特徴があり、独自のビジネスモデルを構築している。

事例

クラウド会計ソフトのfreee（フリー）と北國銀行との連携

第2章で扱ったフィンテックの一つとして小規模企業向けに、売掛金・買掛金・固定資産等の管理、請求書作成、給与・税金支払いといった経理、税務等のサポートをおこなうサービスがある。たとえば、freee株式会社（東京都品川区）はクラウド会計ソフトを提供している。このソフトは、請求書や領収書などを、AIの利用で自動的に項目別に仕分けられ、企業はリアルタイムで経営情報を把握し、経営の見直しや業績向上に活用できる。

都市銀行や地方銀行はフリーと連携することで、取引先企業の運転資金や経営コストなどをリアルタイムで把握し、融資に活用できるようになる。北國銀行（石川県金沢市）では、フリーとの共同開発で、ソフトに「リアルタイム経営シグナル」という新しいシステムを加えようとしている。これは膨大な量の経営情報が変化した場合、AI

が通知する仕組みである。北國銀行は情報の見逃しを防ぐことで、融資のリスクを抑えつつ、融資を増やしていく方針だという（テレビ東京『ワールドビジネスサテライト』2017年5月4日放送）。なお、ここでは北國銀行をフリーとの連携で取り上げたが、同行は橋本卓典『捨てられる銀行』（講談社現代新書、2016年）で、「営業ノルマを捨てた地銀」として称賛された興味深い地方銀行である。フリーとの連携は、同書の「顧客最優先営業」への取り組みの一環と捉えるべきだろう。

こうしたソフトの利用で、企業は会計業務に煩わされることなく、経営を把握して本業に集中できるようになる。銀行は企業の経営状態をリアルタイムで把握して、本業支援に注力しやすくなる。

2 わが国の「犬型」ならぬ「猫型」のリレバンは有効か

次にリレバンによる本業支援にかかわるわが国の課題を、アメリカと比較しながら考察する。アメリカでは1990年代後半以降に金融再編が起こり、これがリレバンによる中小企業向貸出にどのような影響を与えるのかをめぐってさまざまな研究がおこなわれ、全米独立企業連盟（NFIB）が2001年におこなった調査について、リレバンと関連する部分を取り上げる。アメリカの中小企業経営者は、「融資担当者（ローンオフィサー）との接触」や、「融資担当者の交替の頻度」に強い関心がある。一方で、経営相談（項目では「有益な助言の提供」）をあまり重視していない。

これはわが国の目指している方向と一見すると相容れない。日米で状況が異なるのは不思議なことではないが、コミュニティバンクや中小企業の団体などでの筆者のインタビュー結果を勘案すると、アメリカでも中小企業経営者は経営相談を重視していないことはない。しかしながら、すべての始まりは、先にあげた融資担当者との接触のしやすさや交替の頻度の低さにある。つまり、中小企業経営者にとって、一般的な意味で自社を銀行に理解してもらうのではなく、個々の企業として認識してもらうことが大切であり、それでなければ経営相談はあまり意味を持たない。そして、相談に乗ってくれる人に融資権限があることが大切であり、相談だけならコンサルティング会社などでも受けられる。

アメリカでも当然融資担当者の交替はゼロではないし、支店のない単店銀行で一生勤める融資担当者でも、出産休暇や育児休暇などで男女を問わず長期間職場を離れることはある。そのときに行員同士における普段からのコミュニケーションが大切になるし、コミュニケーションがとれるような（人を活かすための）組織の規模や形態であることが重要である。

わが国で、地域金融機関が外部の機関と提携して、取引先企業の経営相談や経営再建を進めるのは奨励されることだが、いうまでもなく、地域金融機関内部での中小企業経営者と銀行家とのリレーションシップが形成されていての話である。しかし、実態としては、中長期のトランザクションシップ型の融資が増えているとの指摘もある。人事評価の制度などにもかかわる課題と考えられ、検討が必要だろう。

なお、第4章2節で紹介したように、アメリカでは企業は融資担当者（人）につくので、「犬型」のリレバンと呼ばれることがある。わが国は銀行（家）につくので、さしづめ「猫型」といえるだろう。

第15章　地域金融機関に何ができるか

1　金融から地域でなく、地域から金融をみる

第12章と第13章でわが国地域金融の変遷の考察を、第14章でその評価をおこなった。本章では議論を一歩進めたい。つまり、地域で起きている最大の問題である若年層の女性の転出（第11章参照）を含めて、変貌する地域社会で、地域金融機関は何ができるのか、どう変わらねばならないのかを考える。

地域の活性化には中小企業の振興が不可欠で、地域金融機関の役割が大きいといわれ、さまざまな議論と対応がおこなわれている。ベンチマークもこの理解の延長線上にあると考えられ、地域金融機関の主体的で具体的な行動を促すものだろう。しかしながら、アカデミズムを含む金融の世界では、中小企業振興が進むとなぜ地域が活性化するのかというロジックについては、ほとんど議論されない。リレーションシップバンキングの先行研究の多くは、中小企業の資金調達に与える影響を分析したものであり、企業の業績に与える影響を分析したものでも、深沼光・藤田一郎「リレーションシップバンキングが中小企業の業績に与える効果」（『日本政策金融公庫論集』第32号、２０１６年）など少数である。

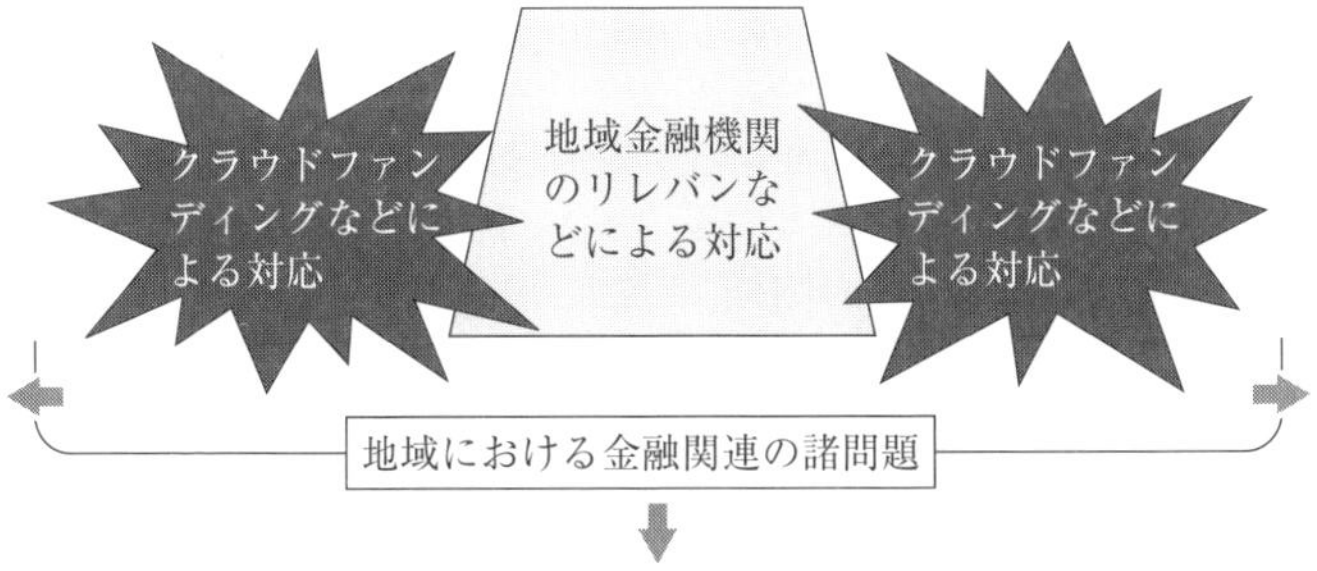

図表３－９　地域社会の変化と地域金融機関の対応領域

出所：筆者作成。

単なるリレーションシップバンキングだけで、地域の問題に届くのだろうか（図表3－9）。金融が扱う領域ではないと考えているのかもしれないが、社会が変革するなかで、地域金融機関が中小企業振興にいくら携わっても、地域の最大の問題に届かないのなら、金融だけ残って地域は消滅することにもなりかねない。あるいは既存の地域金融機関は地域社会から取り残されかねない。

第1章のエコシステムで論じたように、社会が変化しようとしており、こうした動きに金融も無縁ではいられない。地域金融機関が取引先企業だけをみていれば地域社会全体を見渡せた時代は終わりつつある。事実、既存の金融の枠組みは、社会の変化に対応しきれておらず、このずれを埋めるように、クラウドファンディングなどの新しい金融が誕生しており、ソーシャルメディアなどの技術がこれを可能にした。たとえばソーシャルレンディングは、借手と貸手の間にある情報の非対称性を集合知で低下させ、貸出のプロセスが個人のなかで完結することで費用を低減させ、既存の金融機関では難しい取引に対応している。既存の金融機関の領域の一部を代替するようになるという見方もある。

地域金融機関は、単にクラウドファンディングを取り込むというような発想ではなく、なぜクラウドファンディングが広がるのかを考える必要があるだろう。クラウドファンディングは、金融から地域をみていては気づかない、あるいは地域から金融に求められているものをみたときに浮かんでくる、事象とアプローチである。資金が大切であることには変わりがないが、地域で一番不足しているのは「人（＝アイデア＋行動力）」ではないか。地域金融機関は、こうした観点からクラウドファンディングがどのように機能しているのかを考え、継続的な取引のなかで何をすべきなのかを考える必要があるだろう。

具体的には、「地域社会全体とそこにある問題の理解および情報の発信」、「貸出におけるソフト情報の取り扱い」を、地域の預金金融機関の枠組み、あるいは強みのなかで、どう再構築するかである。地域金融機関は、（クラウドファンディングとは異なる）地域に基盤をもった継続的な取引という強みを踏まえながら、既存の枠組みを越えて地域社会全体を見据え、（潜在）ニーズを掴み、枠組みを越えて人を結びつけ、自らもアイデアを出し、ビジネスひいては地域の創造に中核的な役割を担うことが期待される。

クラウドファンディングが対象とするような領域は地域金融機関が踏み入れる領域ではな

いという考え方もあるだろうし、とくにそれを否定はしない。しかし、第11章で論じたように、既存の枠組みで同じように行動しているだけでは地域全体としては沈んでいきかねない。

事例

「種まきツール」としてのクラウドファンディング――飛驒信用組合

まち・ひと・しごと創生本部事務局は、2017年1月に『地方創生への取組状況に係るモニタリング調査結果（28年度）――地方創生に資する金融機関等の「特徴的な取組事例」』を公表し、以下の10分類34件を取り上げている。

1　空き店舗・空き家を活用・3件
2　働き方（少子化対策、インターンシップを含む）・3件
3　農林水産業の成長産業化・4件
4　観光地域づくり・6件
5　地域産業の活性化（農業・観光を除く）・3件
6　金融機能の高度化（コンサルティング機能の強化、士業との連携、人材紹介等）・3件
7　金融機能の高度化（創業・新事業開拓）・4件
8　公有不動産等の活用・4件

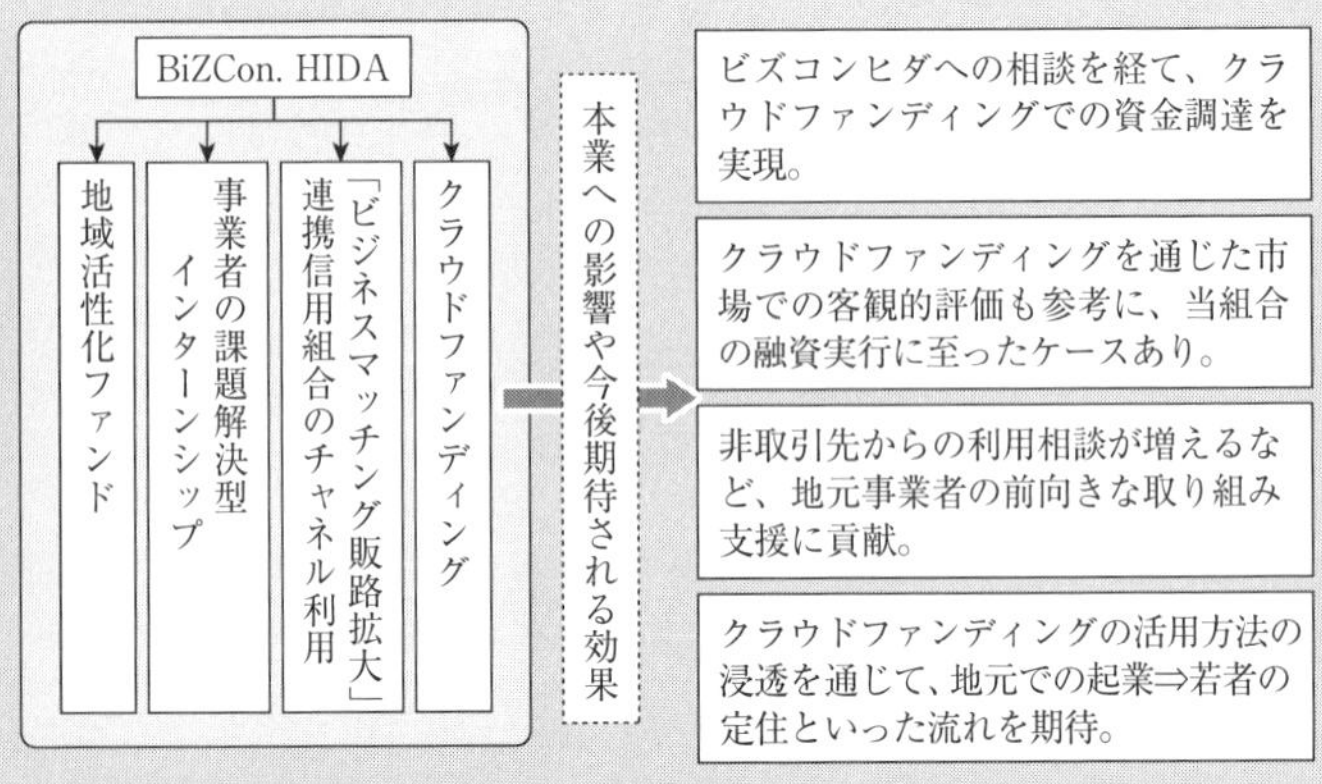

図表３－10　飛騨信用組合のクラウドファンディングの取り組み

出所：飛騨信用組合。

9　海外進出支援・3件

10　データの活用・2件

7に該当する、飛騨信用組合（岐阜県高山市）は、クラウドファンディングの運営会社と業務提携し、「飛騨・高山地区を盛り上げるプロジェクト」に特化したクラウドファンディングサービスである「ＦＡＡＶＯ飛騨・高山」を開設している。地元の中小企業や起業家から案件を募り、事業計画の作成に関する相談などを受けながら、資金調達の後押しをしている。２０１６年9月末までに20件の資金調達を成功させ、飛騨信用組合の貸出につながった例もあるという。

ユニークなのは、「ビズコンヒダ」で取引のない事業者にもサービスを提供しており、従来は取引のなかった事業者からの照会が増加している点である（図表3－10）。「種まきツール」としてのクラウドファンディングの浸透から、新規取引の拡大を目指している。

2 地域に価値を生み出す「主体」として何をするのか

ＩｏＴが普及する世界では、既存の枠組みにおいても、企業と顧客の関係性が大きく変わってくる（既出の三菱総合研究所を参照）。たとえば製造業において、製造そのものが大切であることに変わりはないが、販売後に得られるデータを用いた総合的なサービスが重要になる。「どのように」つくるのかが大切なのはもちろんだが、「何を」つくるのかがより重要になってくる。これはＢ２Ｃに限られるものではない。また、ＩｏＴは地方にビジネスチャンスをもたらす可能性がある。いつでもどこでも情報が取り出せる世界では、地理的制約が取り払われ、企業と顧客がつながるようになる。一方で情報が場所を問わず得られることは、どこでも似たようなことができるようになるため、現場でしか得られないソフト情報や現場での対応との組み合わせのなかで、データ活用のアイデアを生み出すことが大切になる。さらに、ブロックチェーンの技術は、エコシステムのインフラとして機能するようになるだろう。たとえば、ブロックチェーンによって柔軟に地域通貨を発行することが可能になる。

こうしたエコシステムにおいては、従来の企業文化にとらわれない、多様で柔軟な発想が求められる。ダイバーシティを進展させ、女性をはじめとした多様な人材が活躍できる場を広げていく必要がある。組織（企業）と人の関係でいえば、第1章でふれたように、組織が人に適応するのではなく、人が組織に適応することが求められてきた、これまでのやり方を見直し、組織が多様な人材に歩み寄ることが大切である。地域に留まらねばならない制約条件が低下するなかで、既存の枠組みを維持したまま、女性から選ばれることにつながらない小手先の対策を打っても効果は上がらない。大切なのは、同じような考え方の人間が集まって結束するのではなく、自立した個々が多様な価値観のなかで交流と活動をおこなうことである。

地域金融機関には、創造的な地域社会を目指して、これまで必ずしも正面から扱ってこなかった、こうした地域の重要な諸課題を認識し、質的な変化を後押しする存在であることが期待される。そのためには、地域金融機関は地域で何をしたいのかを明確にする必要がある。指標（ベンチマーク）は、目的があって意味をもつものである。アメリカのメインストリートの金融機関では、市場論理と非市場論理の調和という大命題のもとに、金融機関ごとにその存在意義を明らかにしている。わが国の地域金融機関は、地域社会において、価値（観）を生み出す「主体」として活動していくのか、それとも効率性や利便性を提供していく「手段（ツール）」として活動していくのだろうか。後者であればフィンテックやブロックチェーンを用いた仕組みで多くを代替できるだろう。前出の日本経済新聞とフィナンシャル・タイムズ（イギリス）の調査では、金融機関の事務職では60ある業務のうちファイル作成など65％がロボットで代替できるという。それどころか、クラウドファンディングなどは価値を表現する機能も果たし始めている。

「地方消滅」を問題提起した増田寛也は、大きな産業が抱えている課題はブロック単位にあり、地域銀行の県を越えた対応が必要だと述べている。同時に、小さなシェアリングエコノミーのような形で、実際にそこに生活している人たちが抱いている問題を解決することに、地域金融機関が資金面で役割を果たすことを期待している。その際に、従来の審査の考え方を踏襲するのではなく、それに応じた「事業」審査が重要になるという（「問われるトップの決断力──企業と真剣に議論、若者のアイデアも」『金融ジャーナル』２０１７年４月）。

第１部などで述べたように、ＡＩ、ＩｏＴ、ブロックチェーンなどの技術によって、すでに社会は変化し始めている。ＩｏＴの世界では、たとえばモノづくりは従来のＢ２Ｃから、顧客の情報をもとに製造するＣ２Ｂへ変化するだろう。また、ブロックチェーンは、こうした技術を低コストで利用できるようにする。求められているのは、これらを何に向かってどのように使うかである。地域金融機関は、エコシステム化を認識し、固定観念にとらわれず、自らの姿を見直し、地域の未来を展望することが大切である。

3 ソーシャルメディアを通して自らを再認識する

上場地方銀行82行のうち、少なくとも51行がソーシャルメディアの公式アカウント、34行は動画共有サイトのユーチューブの公式チャネルをもち、商品キャンペーンや地域情報を発信し有力な顧客を囲い込もうとしている（『日本経済新聞』２０１６年12月19日）。また、信用金庫・信用組合でもソーシャルメディアを利用するところが増えてきている。地域金融機関はこれをどのように活用できるだろうか。議論の本質は地方銀行でも変わらないが、会員組織の方がわかりやすいので信用金庫・信用組合についてふれていく。

第２部のコラム「アポ取りからみえるメインストリートの個性」（１３４頁）で述べたように、アメリカのコミュニティバンクのウェブサイトをみると、必ずといっていいほどトップページに、〝About Us〟、〝Our Bank〟、あるいは〝Your Bank〟へのリンクがあり、その内容も個性的でおもしろい。地方銀行や信用金庫・信用組合では、そもそもこれがどこにあるのかが分かりにくいし、苦労してたどりついても、どれも似たり寄ったりで、たいていおもしろくない。一番の違いは、信用金庫・信用組合のウェブサイトでは人がみえてこない（人をみせない）ところだろう。この感覚のままソーシャルメディアに入り込むと、ほぼ確実に失敗する。人がみえな先にふれたように、生活でも仕事でも、共感できるか否かが大切になってきた。人がみえない組織では共有のしようがない。

実は、ウェブサイトの違いは表面的な事柄でなく、既述の日米のリレバンの違いと呼応している。アメリカの人につく「犬型」と、わが国の家につく「猫型」の違いが、ウェブサイトにも表れているという方が適切であろう。

ソーシャルメディアの世界は、人とのつながりを基本としており、わが国の信用金庫・信用組合の現状とは異なるという認識が大切である。さらに、エコシステムでは、既存の組織などを必ずしも前提とはしない。金融でも最初に既存の金融機関の利用ありきでなく、共感できないのなら、新しい金融の仕組みを作ればいいという発想すらあり、事実クラウドファンディングなどの新しい金融サービスが登場している。クラウドファンディングが登場した社会変化を踏まえれば、信用金庫・信用組合も安閑としてはいられないだろう。これらの層は信用金庫・信用組合のターゲットではないという考え方もあるだろうが、一方で信用金庫・信用組合の職員や、取引先企業の社員と顧客の多くも、個人レベルではエコシステムに適応しているかもしれず、こうした社会変化への理解は欠かせない。

社会変化の根本は、協同組織金融の基本理念や原点である相互扶助と多くを共有していると考えられるが、その領域や表現は必ずしも同じではない。協同組織金融の結束の強さは、非会員には壁と映るかもしれない。信用金庫・信用組合は引き続きリレバンをおこなう一方で、エコシステムを支える強力な核（地域の創造拠点）の一つとなることが考えられるだろう。そして、ある種クローズドな組織と、人とのつながりを基本とするオープンな世界の橋渡し役のツールの一つとして、フェイスブックなどのソーシャルメディアの利用が考えられる。変わりゆく時代のなかで、自分たちの企業風土を再確認し、会員はもちろん、会員以外も含めた地域社会全体と、どのようにかかわっていくのかが大切になっている。たとえば、ビジネスマッチングは、社会が変化しているかで、会員と会員の枠組みを越えたところにある企業との間で成立することは十分に考えられる。

フェイスブックは、現実離れした空間に存在するものではなく、オンライン上のフェイス・トゥ・フェイスであり、しばしばオフラインと補完関係にある。フェイスブックの利用の有無は別としても、その利用可能性を考えることは、これまでにない視角から自身の信用金庫・信用組合を捉えなおすよい機会になるはずだ。

4　顧客との接点に金融機関の思いを読み取れるか

成熟した社会で、地域金融機関が個人の資産運用や住宅ローンなどをこれまでより重視するのは理解できるし、そのニーズに対応するため、店舗やインターネットバンキングのチャネルをうまく活用し、使い勝手をよくしていくことは大切である（これに徹するものを否定はしないが、これだけで運営できる地域金融機関は多くないだろう）。

ソーシャルメディアやＩｏＴを通じて、企業と顧客はさまざまにつながり始めている。金融の世界でも、預金者や資金提供者のなかに、提供した資金がどのように使われているのかに関心を持ち、あるいは特定の目的に対して資金を提供したいと考えるものが増えてくるのは自然であるし、それを実行する（金融機関・手法を選別する）のも難しいことではない。もちろん、地域金融機関は、クラウドファンディングのような「相対型直接金融」ではなく、この要望に応えるのにはおのずと限界がある。であればこそ、社会が変化するなかで、決まり文句や美辞麗句ではなく、地域で何をしたいのかを明確にし、地域に発信する必要があるだろう。既存の社会の仕組みを越えた活動で何ができるのか（あるいはできないのか）、人口減少のなかで、地域を見据えて既存の取引先企業と何を考えるのか……。

企業と顧客の間にあった壁が取り払われる世界で、金融チャネルは、従来型の顧客サービスの接点としてばかりでなく、個々の地域金融機関が地域で「何をしたいのか」を表現する重要な場になるという認識が大切である。地域住民が、地域金融機関を利用するからこそ、地域や企業をよりよく理解し、提供した資金が地域で活用されるのを認識できる。これを可能にする存在であることが、地域金融機関に求められている。

Column

コラム　オレオレ詐欺はわが国固有のものか

オレオレ詐欺のような犯罪はアメリカでもないことはないが、オレオレ詐欺が当初、銀行のATMの振込経由でおこなわれたのはわが国ならではの現象だ。

わが国のATMは非常に高機能・高性能である。個人であれば日常の銀行取引はこれで十分だろう。一方で、アメリカのATMは非常にシンプルで預入・引出・残高照会・振替くらいしかできない。一日に引き出せる金額の制限は、現在はわが国でも存在しているが、アメリカでは現金社会でないこともあり、以前からある。一番大きな違いは振込がATMでできるか否かであろう。アメリカでは振込は、マネーロンダリング対策もあり、（ネットバンキングを除けば）預金口座をもっている銀行の窓口などでおこなうのが一般的である。

わが国の仕組みがアメリカのそれに劣っているとか、その逆であるとかいう議論ではない。オレオレ詐欺は、わが国が築いてきた仕組みの前提に変化が生じ、仕組みが十分に機能しなくなったことの一例である。わが国のさまざまな仕組みは非常に便利でかつ割安で利用することができる。しかし、便利さはしばしばリスクと裏腹の関係にある。性善説が成り立つ社会では便利さを享受できるが、この前提が変わり性悪説的な社会になると、リスクが顕在化し便利さ

Column

だけを追求するわけにはいかなくなってくる。預金口座がネットにおいて数万円で売買されるとはかつては誰もが想像していなかったが、違法であるにもかかわらず、金欲しさに売却する普通の人も少なからずいる（違法という認識がない人もいるようだが）。預金口座はいつでもどこでも手に入るという実態や認識が影響しているだろう。ＡＴＭでの振込とセットになれば、犯罪者にとって非常に都合のよい仕組みになってしまう。便利さの裏返しのリスク、あるいは便利さ（効率）を過度に追求する意味を考える必要がないだろうか。

終章

日米が読み解くべきトランプ現象の先にあるもの

皮肉なことに、トランプ大統領のもたらす混乱は、この先のアメリカの課題を明らかにした（写真は大統領就任に抗議する「女性大行進」）。わが国はどうか？（写真提供：Wikimedia Commons）

これまでエコシステム化における地域社会の変化と金融に期待されることを述べてきた。終章では、これらの考察を踏まえて、トランプ大統領の登場に関連しながら、ＡＩ時代の仕事も含めて議論をおこない、本書のまとめとしたい。

トランプ大統領はさまざまな混乱をもたらすため、その政策や言動ばかりに目を奪われがちだが（図表終－1）、トランプ大統領を誕生させた背景とそこにある問題を冷静に観察することが大切である。

経済格差の底流には、長い間人種差別があったが、白人中間層の没落から、富裕層対一般市民という構図へと変容した。そこに登場したのがトランプ氏だった。トランプ氏は大統領選ではウォールストリートから巨額資金を得ていたヒラリー・クリントン氏を批判したが、大統領になると多くのウォールストリート出身者を閣僚に指名した。法人税減税や金融規制の緩和を公約しており、巨大資本に手厚い政策が実施される可能性がある。連邦準備制度理事会（ＦＲＢ）にも批判的な発言をしてきた。

一方、トランプ大統領は移民・難民の排斥的な政策によりメインストリートの分断をもたらしている。白人対非白人の構図だが、これでは格差は固定化するだけだろう。トランプ大統領は工場海外移転阻止で雇用を確保し、公共事業で雇用を増やすというが、支持者のつなぎとめでしかない。大規模な製造業の回復や長期的な雇用の確保は望めない。白人中間層の

図表終－1　トランプ政権100日の歩み

1月20日	大統領就任 オバマケア（医療保険制度改革法）見直し NAFT再交渉を宣言
23日	TPP離脱 日本との自動車貿易「不公平」と批判
27日	メイ・イギリス首相と会談 難民やイスラム圏7か国の市民の入国停止
31日	「円安誘導」と日本の為替政策を批判
2月3日	ワシントン州の連邦地裁が入国制限の大統領令を差し止め 対イラン追加制裁発表
9日	連邦高裁が入国制限の大統領令差し止めを支持 習近平・中国国家主席と電話協議。「1つの中国」堅持表明
10日	安倍晋三首相と会談
13日	フリン大統領補佐官が辞任
16日	就任後初の単独記者会見
28日	就任後初の議会演説
3月6日	イラクを対象から外すなど修正した新たな入国制限措置
15日	ティラーソン国務長官が日中韓歴訪（～19日）
16日	2018会計年度の予算方針を発表。国防費増額、非国防費大幅削減
24日	「キーストーンXLパイプライン」の建設・運営を承認
28日	地球温暖化対策関連の規制見直しを指示
4月4日	シリアで化学兵器により多数の市民死亡
5日	安倍首相と電話協議、対北朝鮮で「すべての選択肢がテーブルにある」と表明
6日	習近平・中国国家主席と夕食会 シリアへのミサイル攻撃を実施
14日	中国の為替操作国認定を見送り
15日	ペンス副大統領が日韓などを歴訪（～25日）
18日	日米経済対話初会合
21日	税制や金融関連の規制見直しを指示
26日	政権として大型減税柱の税制改革方針を公表

注：下線は大統領令、原則アメリカ時間。
出所：『日本経済新聞』（2017年4月29日付）に加筆。

没落は、ポスト（脱）工業化社会が新自由主義に偏ったまま進行したことに求められる。その偏重は是正すべきとしても、今後のＡＩ（人工知能）のさまざまな産業への活用などを考えた場合、工業化社会へ無理やり回帰すれば解決できるものではない。たとえば、マッキンゼー・アンド・カンパニーによると、エンジンを組み立てる工場労働者の場合、部品の組み立てや製品の箱詰め作業など、77ある業務の75％が自動化できるという。

アメリカは雇用の門戸を開放して成長してきた。ＩＴ企業が象徴的だ。トランプ大統領の政策・言動は、市場論理だけでなく、多様性があってこその地域社会や金融にも大きなマイナスである。

ただし、皮肉なことに、その登場によって、ポスト工業化社会における問題をどのように解決し、先に進んでいくのかという道筋が明確になってきた。アメリカの地域社会は人種や人材、アイデアなどの多様性で成り立っている。広がる経済格差については、ベーシックインカム（最低限所得保障）などの処方箋も必要ではないか。アメリカの価値観にはそぐわないかもしれないが、検討すべき段階だ。

一方で、ポスト工業化社会自体は、人々の価値観の変化やＩＴの進歩によって、エコシステムへと進化しており、これを推進・活用していくことが大切だ。社会を分断する方向ではアメリカの未来は危うい。創造的な地域社会こそ目指すべきだ。

コミュニティバンクなどはこれまで、メインストリートの中心的存在として、その維持に貢献してきた。エコシステム化のなかで、現段階ではクラウドファンディングなどが先行しているが、創造的な地域社会を後押しする役割が期待される。

トランプ大統領の言動ばかりに目を奪われると、アメリカの地域社会で起きていることは、わが国の地域社会とは無縁に思われるかもしれない。しかし、ポスト工業化社会に着目すれば、わが国の地域社会にもさまざまな変化が起きていることに気づく。経済格差は、わが国では、世代間、都市と地方、都市間、地方間において、既得権と非既得権という構図で静かに確実に進行している。また、既存の社会の仕組みとエコシステム化のずれから、若年層の女性が地方から首都圏に大量に転出している。

目指すべきは、ポスト工業化社会に背を向ける地域社会ではなく、ポスト工業化社会がエコシステム化していく動きを捉え、推進・活用していく地域社会である。エコシステムでは、従来の企業文化にとらわれない、多様で柔軟な発想が求められ、共同体型の組織を見直し、ダイバーシティを進展させていく必要がある。

地域金融機関には、固定観念にとらわれず、地域の未来を展望し、質的な変化を後押ししていくことが期待される。地域金融機関は、効率性や利便性を提供する「手段（ツール）」として活動していくのではなく、価値（観）を生み出す「主体」として活動していくべきである。

それには、まず地域金融機関が地域で何をしたいのかを明確にする必要がある。

最後に地域金融機関の職員の仕事について述べたい。巷では、銀行業務の多くがＡＩに置き換わり、そうした業務に携わる職員は仕事を失う可能性があるといわれている。それでは逆に、ＡＩ時代にも必要とされる業務・職員とはどのようなものだろうか。これまで述べてきたように、エコシステムでは「どのように」するのかではなく、「何を」するのかが問われる。この区分は、ＡＩに取って代わられる業務と、そうでない業務という区分に言い換えられる。前者については、ビッグデータをＡＩで分析したり、ブロックチェーンでルーティン業務をこなしたりする。しかし、後者は、未来に向かっての判断であり、価値観が問われてくる。何をしたいのかは人間が決めることだ。価値観を生み出す主体であろうとする地域金融機関には、人間がやるべき仕事がより多く生まれるだろう。国籍や男女を問わず「日本人男性化」した仕事ぶりを求める、共同体型の組織は生き残れず、そうした組織を温存しようとする地域社会も早晩息詰まるだろう。

見方を変えれば、エコシステムでは、人間にしかできない仕事が明らかになり、それに多くのエネルギーを注ぎ込めるようになる。闇雲に恐れるのではなく、これから起きていくことの本質を理解し、前に進もう。

あとがき

大学にも地域活性化の担い手としての期待が寄せられている。これまで地域社会と大学との連携といえば、産学官連携にみられるように、主に大学の研究を通じておこなわれてきた。これはこれで意義のあることだが、一方で大学生という活力を、教育・研究を通じて、地域の課題解決や活性化に活かせないかという問題意識は広く存在している。

たとえば、文部科学省は２０１３年度と２０１４年度に『地（知）の拠点整備事業（大学ＣＯＣ事業）』を公募し、それぞれ52件、25件を採択した（事業期間は各5年）。これは「大学等が自治体と連携し、全学的に地域を志向した教育・研究・地域貢献を進める大学を支援することで、課題解決に資するさまざまな人材や情報・技術が集まる、地域コミュニティの中核的存在としての大学の機能強化を図ることを目的にしている」（ＣＯＣ事業のウェブサイトより。後述のＣＯＣ＋事業も同様）。そして、文部科学省は２０１５年度には、大学の地方創生版とでもいうべき、「地（知）の拠点大学による地方創生推進事業（ＣＯＣ＋）」を公募し、42件を採択した（協力校として参加する大学等を含めて256校）。この事業は、「大学が地方公共団体や企業等と協働して、学生にとって魅力ある就職先の創出をするとともに、その地域が求める人材を養成するために必要な教育カリキュラムの改革を断行する大学の取り組みを支援することで、地方創生の中心となる「ひと」の地方への集積を目的としている」（その後COC事業とCOC＋事業は統合され、COC＋事業としておこなわれている）。

これと並行して、2013年11月に文部科学省から『国立大学改革プラン』が公表され、このなかで国立大学が目指す方向性として、①世界最高の教育研究の展開拠点、②全国的な教育研究拠点、③地域活性化の中核的拠点が示されている。多くの地方国立大学は、③を選択しているが、より具体的には「地域のニーズに応じた人材育成拠点の形成、地域社会のシンクタンクとしてさまざまな課題を解決する地域活性化機関」として期待されている。

こうした大学教育と地域のかかわり（あるいは大学教育のあり方のなか）で、双方向型のアクティブ・ラーニング、とりわけ大学生が地域に入り課題を発見・解決しながら学習効果を上げる、PBL（プロジェクト・ベースド・ラーニングあるいはプロブレム・ベースド・ラーニング）が注目されている。また、インターンシップについても、これまでの短期・体験型のものばかりでなく、長期・実践型へ関心が集まっている。インターンシップの事業参画型では、地域の中小企業やNPOが真に直面する問題に、学生が、学生としてではなく、組織の一員として、長期間取り組む。

経済産業省の『成長する企業のためのインターンシップ活用ガイド（２０１３年）』や、こうした事業を全国で支援しているＮＰＯ法人ＥＴＩＣ．（エティック）の『産学連携によるインターンシップのあり方に関する調査報告書』（平成24年度産業経済研究委託事業）によれば、事業参画型インターンシップの類型には、①新規事業立ち上げエンジンとしての活用、②経営者の右腕としての活用、③営業・販路拡大での活用、④学生の強みを生かした活用がある。

事例

職人の魂に火をつけたインターンシップ生

①に該当する一例を挙げよう（前述の経済産業省ガイドの例示を筆者が要約している）。日本伝統工芸品の製造・販売をしている、千葉県成田市の株式会社山田平安堂インターナショナル（従業員25名、資本金２０００万円）では、女子学生が7か月のインターン期間に、漆器のオルゴールの開発と販売を実現し、過去最高の部門売上年商1億円を記録するという成果を残した。

女子学生は顧客のニーズを掴むため、まずは成田空港内の店舗での接客と商品仕入れ業務を経験し、その後に商品化に取りかかり、一流のオルゴール職人のもとに何度も通って提案や相談を続けた。「学生の本気が、オルゴール職人の魂に火をつけ」(社長談)成果にたどり着いた。

こうしたインターンシップを、NPO法人等と連携して、カリキュラムとして取り入れる大学もある。たとえば、高知大学では、首都圏で「長期社会協働インターンシップ」という事業参画型インターンシップをおこなっている。また、岐阜大学では、NPO法人G-netと連携し、以下のような取り組みをしている。

「「地域協働型インターンシップ」は、大学の長期休暇期間(春休み・夏休み)に実施される1か月の実践型インターンシッププログラム。

5日間から2週間程度の短期インターンシップで提供される〝職場体験〟とは異なり、「地域協働型インターンシップ」では、地域おこしの活動、地場産業の活性化の現場で、実際にマーケティングリサーチや広報プロモーションなどに携わることができる。地域・社会課題を知り、その解決に向けて大学生自身がプロジェクトとして取り組むのが「地域協働型インターンシップ」だ」(ウェブサイトから抜粋)。

もちろん、うまくいく例ばかりではないが、前述のETIC.によれば、大学・学生にとってはリーダーシップの涵養、専門教育の実質化、研究内容の実践などのメリットがある。中小企業等にとっては、若者を活用した新規事業の立ち上げや変革プロジェクトの推進などのメリットがあり、とくに定期的に新規学卒採用をおこなうわけではない中小企業等においてはメリットが大きいだろう。そして、事業型参画インターンシップの効果は、当事者にとどまることなく、就職活動の変化、地域における起業の増加、NPOの自立化、若者の地域定着など、地域にも波及する傾向があるという。

筆者の勤務先である茨城大学は、2014年度のCOC事業と2015年度のCOC+事業に採択された。前者の事業名は「茨城と向き合い、地域の未来づくりに参画できる人材の育成事業」で、後者のそれは「茨城と向き合い茨城に根ざし、未来を育む地域協創人材養成事業」である。

筆者は期せずしてCOC事業採択時に、担当の学長特別補佐になった。アメリカのメインストリート金融を研究しているとはいえ、地域の専門家でもなく戸惑いもあった。実際に取り組んでみると、事業のステークホルダーが、学生、教職員、自治体、地元企業、地域市民、文部科学省など非常に多岐にわたり、とても難しい仕事であると痛感した。

この仕事をしながら、これまでのように実証的な研究は到底できそうもなく、（大した研究者ではないが）研究者としてはこれで終わるのではないかと不安に感じた。しかしながら、新しい経験は研究にも意味があった。これまでは金融から地域をみており（金融にかかわる範囲で地域をみており）、そのことに何らの違和感も抱いていなかったが、校務を通じて、地域から金融をみるとこれまでとは違う景色がみえてきた。社会が安定しているときはともかく、変革期にあるときに、特定の社会の姿を前提として、金融だけを議論することには限界があると感じた。そうした経験から本書が生まれた。筆者の見解にはさまざまなご意見があるかと思うが、本書が各分野の研究者、実務家、学生などの皆さんに、そうした気づきを与えられれば望外の喜びである。

最後に私事にふれることをお許しいただきたい。数阪孝志教授（神奈川大学）には、本書の原稿のすべてをご覧いただき、貴重なご意見を賜った。これまでにご指導いただいた諸先生方にもこの場を借りてお礼を申し上げる。

文尾ではあるが、本書の編集を担当され、辛抱強く、有益な助言を数多くくださった、昭和堂の越道京子氏へ謝意を述べて本書を閉じることにする。

２０１７年７月

内田　聡

初出論文一覧

序　章　社会の変革をグローカルに読み解く
書き下ろし

第1部　これからの地域金融機関に求められるものは何か
――協働・協創のエコシステムの世界で
拙稿（2014）「ソーシャルメディアと地域金融」『生活経済学研究』第39巻、1～12頁。
拙稿（2015）「コラボレーションからアイデアを生み出す――エコシステムにおける地域金融の姿――」『平成26年度 貯蓄・金融・経済研究論文集』ゆうちょ財団、19－28頁。

第2部　地元資本が支えるアメリカ経済
――「メインストリート」金融の強みに学ぶ
拙稿（2012～2013）「メインストリートの金融」『信金中金月報』第11巻第10～第12巻第6号。
拙稿（2016）「アメリカのクレジットユニオンと銀行――クレジットユニオンの主張と検証――」『平成27年度 貯蓄・金融・経済研究論文集』ゆうちょ財団、44～56頁。

第3部　地域の疲弊を転換させる地域金融を目指して
――日々の取り組みに息吹を吹き込む
拙稿（2016）「地域金融機関が地域で何をしたいのかを表現する場としてのチャネル――人口減少、女性活躍推進、エコシステム、IoT、フィンテックの世界で――」『季刊 個人金融』第10巻第4号、2～11頁。

終　章　日米が読み解くべきトランプ現象の先にあるもの
拙稿（2017）「米地域経済の空洞化が心配だ」『毎日新聞（「発言」）』2月7日。

ま

や

ら

わ

さ

た

な

は

索　引

アルファベット

あ

か

◇著者略歴◇
内田 聡（うちだ　さとし）　茨城大学学長特別補佐

1990年３月　明治大学商学部卒業。
　　　　４月　大和銀行（現りそな銀行）入行。
1999年３月　明治大学大学院商学研究科修了・博士（商学）。
2008年10月　茨城大学人文学部准教授を経て同教授（2017年4月に人文社会科学部に改組）。
2009年　　　カリフォルニア大学センターサクラメント客員研究員。
2014年９月より、茨城大学学長特別補佐（ＣＯＣ）。
学生時代は世界約40か国を放浪し、その機動性を生かし、研究者としてはアメリカで約100か所のメインストリートの金融機関などを取材している。
著作に、『アメリカ金融システムの再構築』（昭和堂、2009年、生活経済学会奨励賞受賞）ほか多数。

明日をつくる地域金融
――イノベーションを支えるエコシステム

2017年11月25日　初版第１刷発行

著　者　内田　聡

発行者　杉田啓三

〒607-8494　京都市山科区日ノ岡堤谷町3-1
発行所　株式会社　昭和堂
振替口座　01060-5-9347
TEL（075）502-7500／FAX（075）502-7501

印刷　中村印刷

ISBN978-4-8122-1635-4